MEDITACIÓN

Técnicas rápidas de meditación para personas

(Guía de meditación para personas ocupadas para curar depresión, ansiedad y estrés)

Joad Ríos

Publicado Por Daniel Heath

© **Joad Ríos**

Todos los derechos reservados

Meditación: Técnicas rápidas de meditación para personas (Guía de meditación para personas ocupadas para curar depresión, ansiedad y estrés)

ISBN 978-1-989853-77-1

Este documento está orientado a proporcionar información exacta y confiable con respecto al tema y asunto que trata. La publicación se vende con la idea de que el editor no esté obligado a prestar contabilidad, permitida oficialmente, u otros servicios cualificados. Si se necesita asesoramiento, legal o profesional, debería solicitar a una persona con experiencia en la profesión.

Desde una Declaración de Principios aceptada y aprobada tanto por un comité de la American Bar Association (el Colegio de Abogados de Estados Unidos) como por un comité de editores y asociaciones.

No se permite la reproducción, duplicado o transmisión de cualquier parte de este documento en cualquier medio electrónico o formato impreso. Se prohíbe de forma estricta la grabación de esta publicación así como tampoco se permite cualquier almacenamiento de este documento sin permiso escrito del editor. Todos los derechos reservados.

Se establece que la información que contiene este documento es veraz y coherente, ya que cualquier responsabilidad, en términos de falta de atención o de otro tipo, por el uso o abuso de cualquier política, proceso o dirección contenida en este documento será responsabilidad exclusiva y absoluta del lector receptor. Bajo ninguna circunstancia se hará responsable o culpable de forma legal al editor por cualquier reparación, daños o pérdida monetaria debido a la información aquí contenida, ya sea de forma directa o indirectamente.

Los respectivos autores son propietarios de todos los derechos de autor que no están en posesión del editor.

La información aquí contenida se ofrece únicamente con fines informativos y, como tal, es universal. La presentación de la información se realiza sin contrato ni ningún tipo de garantía.

Las marcas registradas utilizadas son sin ningún tipo de consentimiento y la publicación de la marca registrada es sin el permiso o respaldo del propietario de esta. Todas las marcas registradas y demás marcas incluidas en este libro son solo para fines de aclaración y son propiedad de los mismos propietarios, no están afiliadas a este documento.

TABLA DE CONTENIDO

Parte 1 1

Introducción 2

Capítulo1: Historia Del Budismo............................ 4

¿QUÉ ES EL BUDISMO?.. 12
¿QUIÉN ES BUDA? 15
¿POR QUÉ PRACTICAR LA MEDITACIÓN? 23
BENEFICIOS DE LA MEDITACIÓN 24

Capítulo2: Las Enseñanzas Del Budismo 26

LAS CUATRO NOBLES VERDADES................................ 28
EL NOBLE CAMINO ÓCTUPLE 28
LA CADENA CAUSAL 29
LAS TRES MARCAS DE LA EXISTENCIA........................... 33
LOS TRES FUEGOS.. 36

Capítulo3: Las Cuatro Nobles Verdades 38

DESEO O SUFRIMIENTO (DUKKHA) 39
SED O ANHELO (SAMUDAYA) 41
CESACIÓN DEL DESEO O SUFRIMIENTO (NIRODA) 42
EL CAMINO MEDIO (MAGGA) 43
EL NOBLE CAMINO ÓCTUPLE 45
Visión Correcta 45
Determinación Correcta 46
Virtud Moral 47
Hablar Correcto 47
Actuar Correcto 49
Medio De Vida Correcto 50
Esfuerzo Correcto... 52
Mindfulness O Atención Plena Correcta 53
Samadhicorrecto (O Estado De Concentración Intensa) 54

Capítulo4: Cómo Practicar Los Cinco Preceptos Del Budismo
.... 58

Primer Precepto: No Quitar La Vida Intencionalmente A Ningún Ser Vivo. 58
Tercer Precepto: No Utilizar Los Sentidos De Una Manera Incorrecta. 60
Cuarto Precepto: No Hablar Falsedades. 61
El Quinto Precepto Enfatiza El Daño Causado Por Beber Alcohol Y Tomar Drogas Y Estimulantes Innecesarios. 61

Capítulo5: La Esencia La Vida Y La Iluminación 63

Ayudar A Otros 64
Cultivar Las Cuatro Moradas Sublimes 64
Aplicar Las Seis Perfecciones 66
Conducta Moral *68*

Capítulo6: Practicando La Meditación Mindfulness Para Aliviar El Estrés Y La Ansiedad 72

Respiración En La Meditación 76

Capítulo7: Tu Forma Humana Budista 82

Comer Sano 83

Capítulo8: Cómo Mejorar Tu Estilo De Vida Utilizando La Meditación 91

Consejos Para Acallar Tu Mente 94

Capítulo9: Técnicas De Meditación 100

Estrategias De Meditación #1: Principiantes 100
Estrategias De Meditación #2: Intermedio 103
Estrategias De Meditación #3: Experto 107

Capítulo10: Cómo Establecer Una Rutina De Meditación 114

Conclusión 117

Parte 2 118

Introducción 119

Capítulo 1 124

Capítulo 2 129

Capítulo 3 136

Capítulo 4 141

Capítulo 5 148

Capítulo 6 158

Capítulo 7 164

Conclusión 168

Parte 1

INTRODUCCIÓN

Todo aquel que ha caminado en esta tierra, tarde o temprano ha muerto.Cada quien ha experimentado la vida de distintas maneras. Pero ¿Cuántos de ellos han vivido realmente? ¿Cuántos han encontrado la manera de vivir? En la sociedad de hoy, existen muchas fuerzas que nos empujan de derecha a izquierda. Tenemos muchas responsabilidades y a veces nos perdemos en nuestros propios pensamientos, incapaces de percatarnos de las visiones que nos pudieran llevar a la felicidad.

La meditación viene de muchas formas y maneras.Pero yo encontré mi método definitivopara disfrutar de una mente y un corazón transparentes a través de la práctica del budismo.

Este libro te paseará a través de una breve historia del budismo y las enseñanzas que se originaron en el curso de la historia. Se profundizará en las prácticas del budismo y cómo pueden ayudarte a tener un mejor y más activoestilo de vida.contribuirá para que encuentres la mente clara que siempre quisiste tener.Yo te ayudaré a tomar las decisiones que nunca imaginaste pudieras tomar.

Por último, espero que las técnicas en este libro y las prácticas de meditación siempre estén allí cuando más las necesites.

CAPÍTULO1: HISTORIA DEL BUDISMO

Dado tu interés por el budismo y que el budismo comienza con Buda, la historia de su vida aparece como un punto de partida lógico. Debido a que mi idea es darte aquello que necesitas para comprender la base del budismo yescribo primeramente para los lectores anglo parlantes, trataré de utilizar el menor número de vocablos extranjeros que pueda; paso malos ratos con las palabras en sánscrito y a menudo siento que obstruyen el mensaje. Pero una vez tomada la decisión de aprender más, existen innumerables recursos que llevan al conocimiento deseado, incluyendo todos los vocablos en Sánscrito.

La siguiente es una versión simplificada de una interpretación de su historia:

El hombre, Siddhartha Gautama, quien fue conocido como "Buda" (el cual es un título cuyo significado literal es "El Iluminado"), nació como príncipe de un gran clan en lo que hoy se conoce como Nepal, un pequeño país en los límites nororientales de la India, hace alrededor de 2500 años.

Su hermana se adjudicó la tarea de criarle. Él era un niño amable y sabio, tan ampliamente compasivo por los otros seres vivos, que se conmocionaba grandemente de ver a los granjeros labrando la tierra debido a que el arado dañaba a los gusanos. Con ocasión de su décimo cumpleaños, los astrólogos de la época fueron convocados a vaticinar lo que el rey podía esperar de su hijo. Todos los adivinos coincidieron en que el joven príncipe se convertiría, bien en un poderoso gobernante con gran habilidad militar, o en un gran maestro espiritual cuyas enseñanzas abarcarían el mundo entero. El rey quedó igualmente encantado y consternado al escuchar aquello.

Siendo un rey guerrero, él quería que su hijo se convirtiera en un poderoso gobernante. La profecía auguraba que, si Siddhartha miraba a un anciano, a un enfermo, a un hombre muerto y a un monje, entonces podría escoger la vida espiritual. El rey decidió que la mejor manera de evitar que Siddhartha se convirtiese en monje, era construir un palacio de placer en el que sólo hubiese personas jóvenes, saludables y atractivas con las cuales su hijo interactuaría. Aquél que cayera enfermo, sería retirado de inmediato. De este modo, el Príncipe Siddhartha estaba protegido de muchas de las realidades de la vida.

A la edad de 15 años, Siddhartha deseaba ver más del mundo, por lo que se planificó una excursión. Aunque se tomaron muchas medidas para protegerle de las visiones presagiadas, una vez fuera de las puertas del palacio, Siddhartha contempló a un anciano, a un enfermo y a un hombre muerto. Debido a que él nunca había visto tales cosas, sus primos debieron explicarle la enfermedad, la vejez y la muerte en los rostros humanos. Siddhartha se encontraba muy consternado al aprender aquellasvicisitudes. Entonces, miró un monje que parecía calmado, pacífico y feliz, y se le explicó que el monje se había desprendido de las cosas de este mundo como una manera de superar tales aflicciones.

Notando que su hijo pensaba en esos asuntos, el rey hizo los arreglos para que Siddhartha contrajera nupcias con su hermosa prima, y crear así una distracción para el joven príncipe. Ambos contaban con 16 años. Con el tiempo, nació un niño de esa unión, pero aún cuando Siddhartha amaba a su esposa y a su pequeño hijo, no podía deshacerse del conocimiento del sufrimiento que enfrentarían en sus vidas. Sintiendo gran compasión, prometió encontrar un modo de salvarles de tal sufrimiento. Era evidente que no encontraría las respuestas que buscaba en su palacio cuidadosamente labrado, así que ideó callados planes para marcharse.

Sabiendo que el rey no le permitiría marchar, acordó con su mejor amigo y confidente Channa (quien también era su primo), para que le esperase con su caballo listo en las afueras del palacio, y una noche besó a su esposa e hijo y silenciosamente se esfumó. Una vez en las afueras de la ciudad, Siddhartha se deshizo de sus ropajes de príncipe, cortó su cabello con el cuchillo, entregó las riendas de su caballo a Channa y le mandó de regreso a la ciudad, alejándose solo en la oscuridad de la noche. Contaba entonces 29 años.

Luego de deambular un poco, fue a estudiar con su primer maestro, un hombre sagaz. No obstante, tiempo después, siendo una suerte de prodigio espiritual, supo que el maestro poseía conocimiento, mas no sabía cómo lograr la liberación de las tres aflicciones – enfermedad, vejez y muerte. Así que decidió despedirse y fue con su segundo maestro. Allí aprendió mucho más, pero la respuesta a la liberación de las aflicciones aún le eludía. De nuevo se despidió de otro maestro. En este punto, sintió que quizá su conocimiento y esfuerzo le guiarían a la libertad.

Se unió a una pequeña cuadrilla de monjes errantes llamados ascetas. Estos hombres creían que hambreando el cuerpo y situándose a sí mismos en una profunda adversidad física, podrían alcanzar la liberación de las aflicciones. Siddhartha, que era diligente y determinado, pronto llegó a ser muy respetado de entre estos monjes. Durante años, Siddhartha practicó, pasando largos períodos comiendo apenas un grano de arroz al día, e incluso, ni eso siquiera. Se volvió delgado y más débil, pero continuó, creyendo que, a través del ascetismo, conseguiría la iluminación, la liberación del sufrimiento.

Un día, luego de no haber probado bocado en largo tiempo, de desmayó. Una joven pastora llamada Sujata se topó con el raquítico cuerpo de Siddhartha y advirtiendo que este monje delgado hasta el hueso moriría si no recibía nutrientes pronto, alimentó a Siddhartha conalgo de leche tibia de cabra. Reparando en que habría muerto de no ser por la ayuda de la chica, y sin estar cerca todavía de la respuesta que buscaba, Siddhartha decidió que el ascetismo no era el camino a la iluminación. Lentamente comenzó a comer de nuevo.

Una mañana, una joven lugareña le facilitó unas deliciosas gachas y dijo: "Que encuentres aquello que buscas". En ese momento, Siddhartha consiguió sitio bajo un gran árbol e hizo el juramento de que no se movería hasta saber la respuesta a cómo escapar de las tres aflicciones. Se dice que permaneció inmóvil por 49 días. Durante largas horas luchó en contra de Maya, aquel extremado tirón, sutil a veces, que guía a muchos a abandonar la vida espiritual, parecido de cierta manera a la noción cristiana de "Satán". En algún punto durante este tiempo, escuchó parte de una conversación donde un maestro decía a su pupilo que "... si las cuerdas están muy ajustadas, no podrá tocarse. Del mismo modo, si están muy sueltas no podrá tocarse. Las cuerdas deben estar balanceadas para producir música".

Se dice que Siddhartha encontró su respuesta con aquella afirmación. Luego de años de búsqueda, se convirtió en "Buda" o "El Iluminado". Tenía 35 años de edad. Su respuesta, por cierto, llegó a ser conocida como "El Camino Medio".

Había decidido no enseñar lo que había aprendido, creyendo que nadie querría saber o que nadie tendría la voluntad de hacer lo necesario para entender completamente, pero cambió de opinión cuando se percató de que algunas personas ya se hallaban cerca del entendimiento y sólo requerían un pequeño empujón para despertar. Así que, por el bien de ellos, decidió enseñar.

Sus primeros estudiantes resultaron ser los mismos ascetas con los que pasó años de práctica. Deambuló durante 45 años, enseñando a cientos de miles de personas y ordenando muchos monjes y religiosas en "El Camino Medio". Enseñó a reyes y pobres por igual, sin prestar atención a la casta o posición social, lo que era inusual en aquel tiempo, por decir lo mínimo. Cualquiera que desease aprender era bienvenido a estudiar.

Se dice que Buda murió por un accidente de intoxicación alimentaria a los 80 años de edad. Sus últimas palabras fueron: "Monjes, esta será la última vez que yo les hable. Nada es permanente. Todas las cosas cambian. Trabajen duro para ganar su salvación".

El budismo es una experiencia de vida. Cambia y crece; adapta las nuevas enseñanzas. Es, como lo llamó el finado

Alan Watts, "el comienzo de un diálogo". Las verdades de Buda pueden ser algo diferente de nuestra propia experiencia, pero muchos han advertido el alivio que es el fruto de seguir "El Camino". Con frecuencia toma años, pero la comprensión de la libertad llega en una fracción de segundo. Imagina el acto de nadar explicado con todo detalle; podrías entender cómo sería intelectualmente hablando. Pero el acto de nadar no ocurriría hasta que no entres en el agua y nades. Sólo en ese punto, podrás decir que "nadaste". Igualmente, la iluminación (la realización del acto) puede ser estudiada, discutida y buscada, pero hasta que no es experimentada por sí mismo, sólo es una excelente idea.

¿Qué es el budismo?

¿Te sorprendería saber que el budismo no es una religión? Al menos no en el sentido de institución que dicta cómo se debe creer en un poder divino.

De hecho, no existe deidad a la que adorar, aunque te preguntarás por qué algunos parecen adorar estatuas de Buda. Mientras que, en efecto, existen aquellos que adoran su imagen (erróneamente), los budistas reales presentan merecido respeto a la memoria de Buda. Ellos ni le adoran ni le rezan. El mismo Buda es un guía y maestro para aquellos que buscan el camino a la iluminación.

Mucha gente que se levanta cada mañana con la intención de practicar enseñanzas budistas, encuentran inspiración en la vaga imagen de Buda. No es impropio encontrar motivación en las palabras de una persona afortunada. Su pacífica y meditabunda imagen puede ayudar a entender y recordar las enseñanzas que estás siguiendo cuando la vida se vuelve estresante y tu mente comienza a salirse de curso.

El budismo es un modo de vida que lleva al discernimiento de la verdadera realidad. Sus técnicas se centran en desarrollar tu habilidad de ser consciente de tus pensamientos, de tus acciones y de tu entorno.Todo ello conlleva a una vida que está en consonancia con la naturaleza y tu verdadero "yo".

Las prácticas del budismo – incluyendo la meditación y el yoga – están hechas para ayudarte a desaprender las nociones preconcebidas de ti mismo y del mundo.Ellas sirven de guía para la aceptación de tales cualidades como amabilidad, amor, verdadera sabiduría y conciencia.

Aquellos que continuamente caminan en la senda del budismo, usualmente se encuentran a sí mismos alcanzando el estado de "perfecta iluminación".En otras palabras, se convierten en "Buda". Un Buda es un ser que ha sido capaz de ver la naturaleza de la vida como realmente es. El ser iluminado continúa entonces viviendo una vida plena, entre tanto mantenga los principios que se alinean con esta visión.

La idea de iluminación puede ser desglosada en dos figuras simples: la mente y el "yo". La mente es esa voz constante que ha sido moldeada y construida basada en el mundo a tu alrededor en esta vida.El yo es aquel ser interior que está separado de la carne de tu cuerpo y no cambia basado en ninguna enseñanza o experiencia que la vida te ofrece.Tu verdadero yo es aquello que puede ser comprendido como el queviaja de vida en vida durante la reencarnación.

Cada ser viviente tiene la oportunidad de volverse iluminado en cada vida que vive. No existe curso fijado o guión pre escrito de tu vida.Como se verá más adelante en este libro, el karma juega un papel en la decisión de las circunstancias en las cuales nacerás de vida en vida, pero la ambición espiritual y mental es lo que lleva a cada persona a estar un paso más cerca de la iluminación plena.

Sin embargo, las cosas se vuelven interesantes acá, porque cuando sigues el camino del budismo, no tienes una "meta final". Es una paradoja para uno declarar que se va a practicar el budismo para alcanzar la iluminación.

¿Quién es Buda?

La palabra "Buda" se traduce como "el iluminado" o "el que está lúcido o despierto". Se refiere a cualquier ser que ha alcanzado dicho estado. Sin embargo, puedes tener la curiosidad de saber quién fue el primer Buda.

De acuerdo a la leyenda, el primer Buda se llamaba Siddhartha Gautama. Se cree que nació alrededor del año 563 A.C. en una tierra que hoy se conoce como Nepal. Se dice que Buda nació siendo dominante, protegido por el sufrimiento en el reino de su padre, quien construyó un gran palacio a su alrededor, vacío de religión y de sufrimiento humano. El rey creó un mundo entero dentro de las paredes de aquel castillo por lo que, siendo ya un joven adulto, Siddhartha creía que el mundo estaba lleno de felicidad, empatía y alegría.Más tarde, luego de contraer matrimonio y procrear un niño, se aventuró en el mundo y vio la verdad de la humanidad. Conoció un anciano y supo que la gente envejece y eventualmente, muere.

A la edad de veintinueve años, descubrió que ni el poder ni la fortuna le traerían la verdadera felicidad, por lo que quiso comprender el mundo fuera de los muros del palacio.

Por tanto, lo que hizo fue marcharse a explorar muchas religiones para encontrar la respuesta a la pregunta que todos nos hacemos: "¿cómo puede uno encontrar la felicidad?"

Después de muchos años de búsqueda en su peregrinajeespiritual, Buda descubrió "El Camino Medio" mientras meditaba bajo el árbol*Bodhi*(*ficus religiosa*. N del T). Este camino es una manera de balancear, no de extremismos, el cual encontró sólo a través del ensayo y error.Sentado durante días bajo aquel árbol *Bodhi*, buscó la respuesta que inicialmente pretendía encontrar. Durante esta meditación, Siddhartha tuvo que enfrentar al funesto demonio conocido como Mara, quien amenazó con ponerse en el camino de su condición de Buda. Volvió su mirada a la tierra pidiendo orientación y ésta respondió desterrando a Mara y permitiendo a Siddhartha alcanzar la iluminación plena. Luego de experimentar este cambio de vida, Buda vivió el resto de sus días compartiendo lo que había descubierto. Los seguidores de sus enseñanzas llamaron *Dharma* o "Verdad" a los principios de Buda.

Se cree que Buda o cualquiera que alcance la condición de perfecta iluminación a lo largo de su vida, no continuará su ciclo de renacimiento. En lugar de ello, el Buda permanece fuera de la constante reencarnación y envía sus enseñanzas y orientación a aquellos que buscan la libertad de su propio yo. Ya no tendrán que transitar a través de lo que el budismo proclama como un interminable ciclo de sufrimiento llamado vida.

Cuando escuchas la palabra sufrimiento, puedes tener imágenes de dolor y rabia en tu mente; pero en el budismo se cree que toda la vida es sufrimiento. Como seres humanos, sentimos el dolor de la pérdida, las emociones de tristeza, felicidad, decepción y así sucesivamente. Estas emociones son manifestaciones de nuestra mente y no vienen de nuestro yo interior. Debido a que no provienen de nuestro verdadero yo, son conocidas como sufrimiento. Falsos sentimientos creados por la carne de nuestros cerebros y programados en nosotros por el punto de vista que la Sociedad nos ha enseñado.

Actualmente, el budismo se está incrementando y volviéndose popular como modo de vida para millones de personas en todo el mundo. Aún en los países occidentales, las personas buscan seguir El Camino Medio porque hallan que le habla al corazón.

En un mundo donde todo está siempre en movimiento, constantemente forzándonos a seguir adelante a precipitados pasos rápidos, muchas personas han perdido su conexión con la naturaleza.Aunque la naturaleza está a nuestro alrededor aún en las ciudades más grandes, lo que hemos hecho para cambiar la forma pura de la tierra, crea una desconexión de nuestra mente. En el budismo, se está conectado a cada ser natural en este mundo, y a través de la práctica de sus enseñanzas esas conexiones vuelven. Este es un enorme imán para millones de personas de todas partes. Puedes imaginarlo como conectarte nuevamente con tus raíces.

Otra razón por la que el budismo está ampliamente esparcido es el hecho de que Buda nunca afirmó ser un dios. En lugar de ello, era un maestro que compartía su sabiduría basado en su discernimiento y en sus experiencias de vida. Esta falta de una deidad invisible, a menudo habla a aquellos que no pueden encontrar solaz o creer en una religión donde Dios es su órgano gobernante. Aunque existen muchas historias y enseñanzas en el budismo, no hay un solo libro como la Biblia o el *Quran*. En lugar de ello, la "biblia" del budismo, se puede encontrar en cada efecto natural del planeta, desde las hojas de los árboles hasta los gusanos en la tierra. Ellos son la historia del pasado, pero no necesitas mirar al pasado para encontrar la iluminación, sino que necesitas observar cada momento de tu experiencia.

Más aún, el sistema de creencias del budismo se puede describir como "de mente amplia". Esto significa que aquellos que lo practican están abiertos a aceptar las enseñanzas morales de otro sistema de creencias. Por tanto, no tiene que ver con etiquetas que son pertinentes a una religión en particular, tales como "bautista", "hindú", "musulmán", e incluso la propia "budista". No es poco común hallar personas de distintos trasfondos religiosos meditando juntos en varios centros budistas, especialmente en el mundo occidental. La iluminación en el budismo no está basada en quién crees que te ha creado, más bien en abrir tu mente lo suficiente para permitirte a ti mismo brillar. Una vez que es alcanzada, todas las preguntas que buscas acerca de la creación serán conocidas por ti. Así, tu título de fe no produce ningún efecto; sin embargo, a aquellos que se esfuerzan por la iluminación usualmente sí se identifican como budistas u otro nombre semejante.

Los budistas tampoco persiguen la expansión de una organización ni convencer a otros a seguir una creencia en particular. En su lugar, sólo explican si así se les requiere. El buda incentiva la curiosidad a través de la conciencia; por tanto, el budismo puede ser considerado como un modo de vida basado en el discernimiento más que en la fe.

Aunque el budismo como práctica puede inclinarse o moverse en una balanza dependiendo de la dedicación a las enseñanzas y la herencia, cualquier persona puede practicar el modo de vida budista. La empatía del mundo siempre ha sido de extrema importancia, a lo largo de las técnicas del budismo a través de las generaciones. La empatía no está reservada sólo a los humanos, sino a toda creatura viviente de esta tierra.

En este punto, debes estar ansioso por aprender las diferentes técnicas de Buda. Ten en mente que las enseñanzas de Buda son vastas, de una extensión tal, que se convirtieron en muchos y diferentes tipos de budismo. Estas enseñanzas pueden traer sabiduría a cualquiera, bien sea que busque su propia verdad a través de la iluminación, o bien que sólo desee comprender un poco más el mundo a su alrededor. Estas técnicas son igualmente para el joven y el anciano, sin importar la religión, condición social, género o la herencia.

Sin embargo, no nos adelantemos. Por ahora, puedes explorar más acerca de las enseñanzas del budismo, las que convenientemente encontrarás en el próximo capítulo. Antes de pasar la página, por favor recuerda que el consejo del propio Buda es no preocuparse por su palabra, sino por probar en ti mismo sus enseñanzas. Sólo haciéndolo podrás ser capaz de encontrar el significado exacto de sus palabras.

¿Por qué Practicar la Meditación?

La meditación está considerada como una de las maneras más eficientes de reducir el estrés. Mientras otros métodos de reducción del estrés han sido tanto cultivados como estudiados, la información indica que no son tan efectivos como la meditación. Se han efectuado numerosos estudios que se centranen la efectividad de la meditación en y los beneficios para la salud que ésta ofrece.

Hay un estudio en los Estados Unidos que muestra que un curso corto de modificación de las estrategias del comportamiento que incluye la meditación, realmente llevan a un descenso significativo de visitas al médico durante seis meses después en comparación a los seis meses previos al curso.

Beneficios de la Meditación

La meditación es útil combatiendo el estrés y mejora la calidad de vida física y mental de un modo muy profundo. Con un poco de práctica, la meditación eventualmente se hará sin esfuerzo. La meditación auténtica te permitirá enfocarte en el momento presente en lugar de residir en tu pasado o en tu desconocido futuro.

La meditación es versátil. Existe muy poca evidencia de calidad que demuestre que una técnica es más efectiva que otra. Todo el mundo es diferente y responde a varios tipos de meditación de una manera única. La belleza de la meditación está en que existen tantas formas de practicarla, que puedes elegir consistentemente la técnica que más gustes y cosechar sus beneficios sin importar cómo la realices.

Aún cuando la relajación no es normalmente la meta de aquel que medita, a menudo es uno de los resultados principales. Los estudios muestran la existencia de muchos beneficios de la meditación, en los que se incluyen:

- Mejora la circulación sanguínea
- Disminuye la presión arterial
- Disminuye la transpiración
- Disminuye el ritmo cardíaco
- Disminuye el ritmo respiratorio
- Disminuye los niveles de cortisol en la sangre
- Disminuye la ansiedad
- Disminuye el estrés
- Aumenta el sentimiento de bienestar
- Profundiza la relajación

CAPÍTULO 2: LAS ENSEÑANZAS DEL BUDISMO

Si te encuentras acá, entonces debe significar que deseas saber más acerca de las técnicas del budismo. Bien. Sólo recuerda que las antiguas técnicas del budismo son muchas. Sin embargo, no habrían pasado de generación en generación de no haber servido a su propósito en las vidas de sus seguidores.

En este capítulo se proporcionará una suerte de reseña de las diferentes enseñanzas del budismo. Es una buena idea regresarnos algunos pasos para obtener una vista de pájaro de las cosas antes de dirigirte a los detalles minuciosos. Resta advertirte que pronto encontrarás que estas enseñanzas serán profundizadas en los subsiguientes capítulos.

Para comprender el *Dharma*, es importante notar que volverse "consciente" no es distinto a despertarse de un sueño profundo. Sin embargo, en lugar de salir del estado suspendido del descanso o sueño, se emerge de una vida que una vez estuvo llena de sufrimiento.

Para algunos, es difícil entender el rumbo de una vida yendo tras un dictado que no está asociado a un ser supremo. A mucha gente se le enseña mientras crece, a través de distintas religiones, que su vida no le pertenece. La sucesión de vivir día tras día en un camino predispuesto, deja una puerta ampliamente abierta al descontento, la infelicidad y al acceso. El budismo trata de encontrar esa revelación de la verdad donde todos los sufrimientos de esta vida se desvanecen y te enfrentas con la hermosa verdad.

Para entender el *Dharma*, te animo a aprender acerca de las doctrinas budistas, que son:

- Las Cuatro Nobles Verdades,
- El Noble Camino Óctuple,
- La Cadena Causal,
- Las Tres Marcas de la Existencia y
- Los Tres Fuegos.

Las Cuatro Nobles Verdades

Si esta no es la primera vez que echas un vistazo a las enseñanzas del budismo, entonces podrías estar familiarizado con Las Cuatro Nobles Verdades. Son consideradas por el budismo como el corazón de las enseñanzas de Buda. Ellas son:

- Deseo o sufrimiento (*Dukkha*),
- Sed o anhelo (*Samudaya*)
- Cesación del deseo o sufrimiento (*Niroda*) y
- El Camino Medio (*Magga*)

Las Cuatro Nobles Verdades poseen ambos propósitos de reflexión y práctica en tu vida.Juntos, sirven como una llave a la consciencia. Descubrirás en el próximo capítulo, extensos detalles acerca de Las Cuatro Nobles Verdades.

El Noble Camino Óctuple

El Sendero Óctuple de los Nobles sirven todos juntos como enseñanzas fundacionales del budismo. Es la cuarta de

Las Cuatro Nobles Verdades, la cual es la razón por la que encontrarás más acerca del Noble Camino Óctuple en el subsiguiente capítulo.

También llamado El Camino Medio, es tal vez la más moderna de las enseñanzas, pues puede ser aplicada, observada y experimentada en la vida cotidiana.

El Camino enfatiza que el auto-control, la auto-disciplina y la práctica de la Atención Plena o *mindfulness* y la meditación pueden ayudar a poner fin al sufrimiento. A través de estas prácticas se puede discernir la Verdad y alcanzar la condición de iluminación.

La Cadena Causal

La Cadena Causal, también llamada "Los Doce *Nidāna*" (*nidāna* es un vocablo sánscrito que se traduce como "enlace, causa o motivación") es una enseñanza budista fundamental.

Los doce *Nidāna* son explicados a continuación:
- Ignorancia (*Avijjā*)

- La falta de conocimiento o sufrimiento, de dónde se originó, cómo terminarla y cómo vivir una vida que la finalice, es ignorancia. Este enlace está conectado a las "Actividades Constructivas".
- Actividades Constructivas (*Saṅkhāra*)
- Este enlace se refiere a cualquier modo de acción física, verbal o mental, sea correcto o incorrecto, el cual causa en todo ser un efecto llamado karma. Se incluyen tanto las medidas voluntarias como la planificación. Esto apunta al "Renacimiento de la Consciencia".
- El Renacimiento de la Consciencia (*Viññāna*)
- La consciencia como enlace sirve como paraguas para las siguientes sub-clasificaciones:
- Consciencia del Ojo,
- Consciencia del Oído,
- Consciencia de la Nariz,
- Consciencia de la Lengua,

- Consciencia del Cuerpo y
- Consciencia del Intelecto.
- No se puede ser consciente sin nuestros órganos, específicamente, los sensoriales. Esto lleva al próximo enlace "Nombre y Forma".
- Nombre y Forma (*Nāmarūpa*)
- El "Nombre", que también representa la mente o la mentalidad, está compuesto por cuatro elementos: sensación, percepción, intención, contacto y atención.
- La "Forma" representa al cuerpo y depende de los cuatro grandes elementos: tierra (que personifica la solidez), agua (que personifica la cohesión), fuego (que incorpora el calor) y aire (que integra el movimiento).
- Juntos, Nombre y Forma llevan al siguiente enlace, que es "La Séxtuple Base de los Sentidos".
- La Séxtuple Base de los Sentidos (*Saḷāyatana*)

- Este enlace representa el estado en el cual el objeto, el órgano sensorial y la consciencia llegan a contactarse, lo que apunta al próximo enlace, "Sensación".
- Sensación (*Vedanā*)
- Existen seis manifestaciones de la consciencia, a saber:
- Visión,
- Oído,
- Sensación olfativa,
- Sensación gustativa,
- Sensación táctil y
- Sensación intelectual.
- Después de este enlace, viene "El Anhelo"
- Anhelo (*Tanhā*)
- El anhelo son los efectos de las seis manifestaciones de sensación, denominadas visiones, sonidos, esencias, sabores, toques y pensamientos. Esto nos conduce al próximo enlace, que es "Apego Obstinado".
- Apego Obstinado (*Upādāna*)

- Resistir la separación de un anhelo es la esencia de esta relación. El apego en sí mismo se sub divide en cuatro categorías: sensual, vista, práctica y auto apego, lo cual lleva al próximo enlace que es "Transformación"
- Transformación (*Bhava KammaBhava*)
- Transformación en la traducción del sánscrito *bhāva* significa "emoción o estado de mente o cuerpo. Se refiere a la continuidad del renacimiento, vida y madurez".
- Nacimiento (*Jāti*)

Las Tres Marcas de la Existencia

Según Buda, todos los seres vivientes poseen tres características principales, también llamadas Signos del Ser o Sellos del *Dharma*, las cuales son:
Impermanencia (*Anicca*)
Esta marca explica que las cosas no condicionadas son permanentes.

Recuerda el viejo dicho "La única cosa constante en la vida es el cambio." Esta es una de las enseñanzas más fundamentales del budismo.

Ningún evento o ser físico o mental es permanente; por tanto, el concepto de "seguridad duradera" es una falacia. El hecho de que todas las personas se deterioran puede sonar deprimente, pero es la verdad.

Lo opuesto a la Impermanencia es el Nirvana, en el cual no existen tales cosas como la muerte, el deterioro o el cambio.

Deseo o sufrimiento (*Dukka*)

Esta marca revela que ninguna cosa condicionada es satisfecha.

El deseo constante o la falta de satisfacción es la raíz de todo sufrimiento. Se manifiesta de ambas formas física y mental y triunfa en cada renacimiento (o cambio en la vida de uno), envejecimiento, enfermedad y muerte.

El sufrimiento deriva cuando no se es capaz de adquirir lo que se desea. También se experimenta cuando no podemos mantenernos alejados de lo que queremos evitar.

Insustancialidad (*Anatta*) (el no-yo. N del T)

Esta marca enseña que todas las cosas, condicionadas o no, son insustanciales.

Esta doctrina es considerada controversial para algunos porque explica que no existe esencia eterna en ningún ser o fenómeno. En otras palabras, no existe "alma" o yo permanente, lo cual suena redundante a la primera marca, pero cubre, no obstante, un rango más amplio, ya que se aplica a todos los seres, condicionados o no. Por tanto, el Nirvana también se describe como un estado de insustancialidad.

De acuerdo a esta enseñanza, la expresión "yo soy" se considera presuntuosa porque engendra al *dukkha*; por consiguiente, para liberar al yo del deseo y sufrimiento, debemos dejar ir la idea del "yo mismo".

Ahora que has aprendido acerca de las tres marcas de la existencia, puedes meditar en ellas. Los seres iluminados han sido capaces de acabar con su sufrimiento debido al entendimiento de dichas enseñanzas.

Los Tres Fuegos

También llamados los "Tres Venenos", son imperfecciones inherentes a todos los seres. Es la razón primaria de la existencia del Anhelo y, por consiguiente, contribuye significativamente al Deseo o Sufrimiento.

Los Tres Fuegos se explican más adelante, en el capítulo 16. Sin embargo, para ayudarte a establecer las bases del concepto, he aquí sus nombres:

Delirio o Confusión (*Moha*),

Avaricia o Apego Sensual (*Raga*) y

Aversión o Mala Voluntad (*Dvesha*)

Cada uno de los Tres Fuegos está representado por un animal: el jabalí representa el delirio o confusión, el gallo representa la avaricia y la serpiente representa la mala voluntad.

Ahora, antes de proceder al próximo capítulo (el cual se refiere a las Cuatro Nobles Verdades), mantén cerca de tu corazón los valores de compasión y sabiduría. Estas dos virtudes son las más significativas para el budismo, seguidas de la paciencia, bondad amorosa, generosidad y humanidad.

Mientras lees, trata de abandonar el mundo a tu alrededor. Silencia las notificaciones, silencia tu teléfono móvil, apaga tu televisor y recuerda que estás justo donde debes estar en este momento.Internaliza cada gramo de conocimiento y entendimiento de momento a momento como lo harías con cualquier gozosa ocasión de tu vida.

El corazón de las enseñanzas del budismo es inocuo o *ahimsa* (no violenta. N del T), y alberga la forma de vida que no causa daño a ser alguno. Mantén este conocimiento cerca de ti y esfuérzate por practicarlo todos los días. Haciéndolo, te ayudará a lograr una vida genuinamente significativa.

CAPÍTULO 3: LAS CUATRO NOBLES VERDADES

Las Cuatro Nobles Verdades son entendidas y aceptadas por los Budas como la verdadera realidad. Las enseñanzas budistas revelan que Buda comenzó enseñando las Cuatro Nobles Verdades tan pronto como experimentó la iluminación.

De acuerdo a esas verdades, todos los seres anhelan y se aferran a cosas y estados que no son permanentes, lo que lleva al sufrimiento que, uno a uno, atrapa a las personas en el ciclo sin fin del renacimiento, sufrimiento y muerte.

Sin embargo, hay una senda que va más allá de este ciclo. Dicha senda es las Cuatro Nobles Verdades: El Camino Medio. Los Budas motivan a aquellos que desean ser despertados del ciclo, no sólo para entender, sino también para experimentar El Camino Medio.

Para aprender y practicar el Camino Medio, es un pre requisito obtener cierta profundidad de entendimiento de las

Cuatro Nobles Verdades. El emérito profesor Geoffrey Samuels, quien jugó un papel crucial al exportar las enseñanzas del budismo al mundo occidental, explica que las Cuatro Nobles Verdades revelan lo que necesita ser comprendido para comenzar a transitar la senda que lleva a la iluminación.

He Aquí Las Cuatro Nobles Verdades:

Deseo o Sufrimiento (Dukkha)

La Primera Noble Verdad enseña que los deseos son imposibles de satisfacer, lo que causa dolor o sufrimiento.

Hay quienes piensan que las Cuatro Nobles Verdades son análogas a la medicina tradicional hindú, siendo la Primera Noble Verdad, el diagnóstico. En otras palabras, identifica y busca describir la enfermedad en forma de Deseo o Sufrimiento.

Trata de realizar el siguiente ejercicio considerando cómo se aplica la Primera Noble Verdad a tu propia vida. Haz una pausa para reflexionar si alguna vez experimentaste el sentimiento de satisfacción permanentemente. Cuando piensas en ello, el concepto de fijar y alcanzar metas, a menudo lleva a tener más aspiraciones.

Nosotros, como seres humanos, estamos en constante deseo de satisfacción final para todo lo que hacemos. Sin embargo, esto es en sí mismo imposible de lograr, puesto que el alcanzar una meta, un objeto, una relación, etc., abre una puerta al próximo deseo. En la sociedad actual de excesos, es aún más difícil encontrarse satisfecho. Cuando finalmente alcanzamos aquella meta financiera de retiro, nos esforzamos por vivir otras experiencias que nos satisfarán momentáneamente. Desafortunadamente, sin darnos cuenta de ello, pasamos nuestra vida buscando y deambulando, intentando llenar un deseo que no se puede completar. Desde lo que comemos, los empleos que tenemos, el dinero que hacemos y hasta los objetos que deseamos, estamos siempre en la búsqueda de algo que consideramos "mejor".

Por supuesto que no hay nada negativo en luchar para conseguir tus sueños; pero aferrarse demasiado a ello, supone un constante sentimiento de anhelo que resulta en sí mismo, doloroso.

Sed o Anhelo (Samudaya)

La Segunda Noble Verdad describe la Fuente primaria del Deseo o Sufrimiento y es la "sed" o anhelo por algo de este mundo que es impermanente (perecedero. N del T). Tu sed o anhelo crea karma, el cual ocasiona un cambio en ti que sólo lleva a un nuevo deseo.

Si comparas la Segunda Noble Verdad con un diagnóstico médico, puedes describirla como el paso donde tratas de determinar la causa de la enfermedad o etiología.

Para comprender cómo la Segunda Noble Verdad se despliega en tu vida, recuerda la última vez que experimentaste dolor y luego refléjalo en lo que lo causó exactamente.

Digamos, por ejemplo, que recuerdas el sentimiento de decepción debido a un viaje que se canceló y que estuviste preparando durante meses. La causa de tu sufrimiento es tu deseo del viaje. Aquel sufrimiento es en sí, una manifestación creada por tu mente, dependiendo de lo que has internalizado en el curso de tu vida.

De esta decepción, te ha quedado un futuro deseo de corregirle. Entonces quedas atrapado en el ciclo donde la decepción seguramente te encontrará una vez más. Nos aferramos a las respuestas emocionales positivas que obtenemos, sin darnos cuenta de que son auto satisfacciones creadas por nuestra mente, y no por nuestro yo.

Pudieras pensar que es natural experimentar aquello, y, de hecho, así lo es. Esta es la razón por la cual se considerada una realidad.

Cesación del Deseo o Sufrimiento (Niroda)

La Tercera Noble Verdad enseña que acabar con nuestra Sed o Anhelo lleva al final del Sufrimiento. Esto será así, sólo si el karma ya no continúa creándose y, por consiguiente, uno se despierta del ciclo.

Regresando al concepto de analogía médica, se puede comparar la Tercera

Noble Verdad con determinar la cura de la enfermedad o prognosis.

La idea en sí misma, parece muy directa y sencilla, pero la práctica es lo que aparece como la causa de esta continua auto absorción en el ciclo. Aunque pienses que eres amable, generoso y siempre ayudas al otro, es importante notar que la auto absorción no se mira desde una postura egoísta, sino de manera que tu mente crea estos sentimientos para persuadirte a continuar buscando satisfacer tu próxima urgencia.

Así que, ¿qué se siente terminar con tu deseo y, consecuentemente, con tu sufrimiento? Naturalmente, la única manera de descubrirlo es experimentarlo tú mismo. Sin embargo, los Budas a menudo lo describen como la tranquilidad en esta vida.

El Camino Medio (Magga)

Las Cuatro Nobles Verdades explican que la única manera de lograr la iluminación es a través del discernimiento y la práctica del Noble Camino Óctuple o el Camino Medio.

El símbolo del Camino Medio es la rueda del *dharma* (*dharma chakra*), que tiene ocho radios que representan cada uno de sus elementos.

Si volvemos a compararlo con el diagnóstico médico, las Cuatro Nobles Verdades representan la parte donde el médico prescribe el tratamiento adecuado que puede curarte de la enfermedad.

Los maestros budistas usualmente dividen el Noble Camino Óctuple en tres partes principales: Sabiduría, Virtud Moral y Meditación. A continuación, encontrarás una lista de cómo cada componente del Noble Camino Óctuple encaja en cada categoría. Igualmente, obtendrás una comprensión más profunda de lo que significan cada una de ellas:

Sabiduría

La primera parte, la sabiduría, está compuesta por los dos primeros elementos del Noble Camino Óctuple: la Visión Correcta y la Determinación Correcta. Con el entendimiento y la práctica de estos dos alcanzarás la sabiduría necesaria para lograr la iluminación.

El noble camino óctuple

Visión Correcta

La Visión Correcta tiene que ver con cómo percibes el karma y el renacimiento. Asimismo, abarca la manera en que valoras las Cuatro Nobles Verdades en mente, cuerpo y palabras. Invita a la renovación y afecta las diferentes etapas en las que un ser atraviesa el ciclo de la vida.

El propósito de la Visión Correcta es aclarar tu senda de pensamientos confusos y malos entendidos. Una vez que has comprendido apropiadamente las verdades, tendrás la Visión Correcta.

En el budismo se cree que cuando tu cuerpo muere, tu verdadero yo viaja a través de lo que se conoce como el *Bardo*. El *Bardo* es un lugar entre cada vida, donde escoges tu próximo cuerpo. Se cree que mientras más cerca estás del despertar correcto en esta vida, más clara será tu decisión en el *Bardo*. Si tu mente está nublada cuando accedes, tu verdadero yo se perderá, dificultando a menudo la decisión de tu renacimiento.

Según Gil Frondsal, maestro budista americano, la Visión Correcta puede parecerse al concepto de Psicología Cognitiva. Explica que la dicha Visión es la manera como tu mente percibe el mundo y cómo esta percepción afecta nuestros pensamientos y acciones.

Determinación Correcta

También llamada "Intención Correcta" o "Pensamiento Correcto", esta se refiere a cuando el budista se vuelve firme en su propósito de renunciar a la vida mundana en favor de un peregrinaje espiritual.

Puedes tomar su significado literal y aplicarlo a todo lo que haces en tu vida cotidiana. Tener la intención correcta de las acciones en cada momento de tu vida, te ayudará a acercarte a aquella eterna verdad. Esta es una excelente táctica a recordar cuando dejas la santidad de tu hogar y te enfrentas con la magnitud de excesos del mundo a tu alrededor. Detente y piensa antes de tomar decisión alguna y aplica la genuina intención correcta a tus acciones.

Virtud Moral

La segunda parte de la división está compuesta por el tercer, cuarto y quinto elemento: Hablar Correcto, Actuar Correcto y Medio de Vida Correcto. La Virtud Moral es descrita por la mayoría de los maestros budistas como tener la disciplina y el mérito que te guiará a una congruencia *kármica* contemplativa, social y psicológica, todas las cuales son necesarias para comprometerse con la parte final: la Meditación.

Hablar Correcto

La mayoría de las enseñanzas budistas describen el Hablar Correcto como la abstención de mentir, de hablar divisivo, de hablar irrespetuoso u ofensivo y de la charla banal.

Abstenerse de mentir implica hablar con la verdad y sólo con la verdad y aferrarse a ella para ser resuelto y confiable.

El hablar divisivo, hace referencia a que se dirán únicamente palabras que contribuyan a la armonía de las cosas en general.

El hablar irrespetuoso u ofensivo tiene que ver con utilizar palabras afectuosas y educadas que sean agradables a otros seres.

Abstenerse de charla banal es utilizar únicamente palabras que te acerquen a la iluminación.

Según Buda, el Hablar Correcto es hablar solamente lo que es útil y preciso, dependiendo de la situación y dónde tales palabras son apropiadas. De otro modo, mejor es no decir absolutamente nada.

A menudo se dificulta darse cuenta de que sólo porque estás dedicado a hablar la verdad, no significa que tus palabras puedan herir a otros. La empatía, de nuevo, es una de las características más importantes de alguien guiado por la senda budista. Las palabras pueden ser constructivas y verdaderas sin ser dañinas. Es el balance delicado entre cada uno lo que debemos buscar.

Actuar Correcto

También llamada "Acción Correcta", esta parte del Camino Óctuple también se describe parecido al Hablar Correcto; no obstante, en lugar de palabras, es el acto físico. Según las enseñanzas budistas, el Actuar Correcto es abstenerse de matar, de robar y del mal comportamiento sexual.

Abstenerse de matar significa que no debemos formar parte de perjuicio alguno o quitar la vida a cualquier ser dotado de sentidos, sea este humano o animal.

No robar quiere decir evitar tomar cualquier cosa que no sea dada voluntariamente u ofrecida a ti por el ser que posee la propiedad. Esto abarca todas las formas de robo, tales como aquellas cosas habidas forzadamente, furtivamente o a través de engaño.

Abstenerse de mala conducta sexual se refiere a involucrarse sexualmente con cualquiera que está bajo la protección de un guardián, hermanos, padres, de una esposa, de una prometida y de cualquiera que no esté casado.

Debido a que el budismo es el camino hacia la iluminación personal, y a que la separación de aquellas cosas a tu alrededor está fuera de la apatía cultural, el matrimonio no es algo de lo cual se habla. Muchos budistas se casan y tienen hijos, aún algunos de los más devotos *yoguis*, pero su relación es una de verdad eterna. Con frecuencia nos encontramos que aquellos que están casados, bien lo hacen antes de que la iluminación convierta su entendimiento, o bien después, pero más por propósitos espirituales que por matrimonios corrientes.

Medio de Vida Correcto

El Medio de Vida Correcto es cuando mantienes tu virtud y evitas ser la causa del sufrimiento de los seres dotados de sentidos. La mayoría de las enseñanzas budistas explican que uno no debe involucrarse en el comercio de seres humanos, carne, animales para sacrificio, bebidas alcohólicas, veneno o armas.

Se cree que cualquier cosa que pueda dañar tu cuerpo físico, crea también una barrera más fuerte entre tu mente y tu propio yo. A medida que la puerta se vuelve más densa, es más duro alcanzar aquel estado de iluminación. La mente es casi engañosa; no quiere que renuncies, así que cosas como las adicciones y las conductas culturalmente aprendidas, pueden ser arduas de sortear. A través de la creación de un cuerpo saludable sin influencias negativas externas, estás ayudando a liberarle de la conexión con la pieza de carne en tu cabeza, permitiéndote a ti mismo encargarte de tu consciencia.

Meditación

Otra palabra para meditación es *Samadhi*, y se refiere a la parte final de la división del Noble Camino Óctuple. Todo el concepto se centra en el condicionamiento de tu mente para instalar el discernimiento en las Tres Marcas de la Existencia, dejar los estados de escasa utilidad y alcanzar la Iluminación. El conocimiento pleno y la dedicación a la práctica de las tres últimas divisiones del Noble Camino Óctuple – Esfuerzo Correcto, Plena Atención o *Mindfulness* Correcta y *Samadhi* (estado de concentración. N del T.) correcto – te guiarán al cumplimiento de estos.

Esfuerzo Correcto

Las enseñanzas budistas describen el Esfuerzo Correcto como tu fuerza de voluntad y fuerza mental para escoger hacer el bien cada día. Requiere de auto disciplina decidir pensar, sentir y hacer el bien, aún cuando los tiempos son adversos.

Según la mayoría de las enseñanzas budistas, se requiere de un mayor Esfuerzo Correcto para abstenerse de la mala voluntad y de los deseos sensuales. La mala voluntad incluye la ira, el resentimiento y el odio hacia todos los seres, mientras que los deseos sensuales son todos los deseos pecaminosos experimentados a través de los cinco sentidos.

Aunque ciertas situaciones sexuales, especialmente aquellas que ensombrecen, son consideradas de mala voluntad, el sexo en sí mismo no se discute mucho en el budismo. Tu cuerpo es tu templo, la vía en la que tu verdadero yo puede trabajar para tratar de alcanzar la iluminación. Por tanto, debes abstenerte de cualquier cosa negativa.

Mindfulness o Atención Plena Correcta

Esta parte del Noble Camino Óctuple se describe como el estado en el cual te vuelves consciente y plenamente atento del momento presente. Cuando estás consciente de tu cuerpo, lo admites y aceptas por lo que es. Lo mismo sucede con nuestras emociones y pensamientos. Al concientizar y reconocer estos estados, dejas ir los deseos mundanos y todo el sufrimiento apegado a ellos.

Una de las cosas que muchos budistas practican regularmente, es la atención plena del pensamiento. Cuando estás afligido por las emociones, en especial por las negativas, quieres retroceder y hacer una pausa. Percibe que aquel sentimiento es creado por tu mente consciente y depende del entendimiento cultural del mundo que te rodea. Entonces, una vez que comprendas la emoción que estás sintiendo, cuidadosamente recuérdate a ti mismo que esta no es la verdad. Para explicarlo de manera sencilla, ello no viene de tu verdadero yo, y, por tanto, no es real.

SamadhiCorrecto (o estado de concentración intensa)

El paso final del Noble Camino Óctuple, el *Samadhi* Correcto, se refiere a desapegarse de los deseos relacionados a los sentidos y de los estados malsanos.

Es entonces cuando te sumerges en el primer nivel de concentración llamado *jhana*. En este nivel, mantienes un pensamiento aplicado y sostenido que te guiará a experimentar la felicidad adquirida de esos desapegos a medida que continúas concentrándote.

Notarás que tu mente consciente lucha por mantener el control. Los pensamientos y las ideas se introducirán en tus pensamientos, incluyendo la atención plena, la cual es una comprensión de tu mente consciente, haciéndoles a un lado con técnicas de respiración. La visualización juega un papel fundamental para calmar tu mente consciente, tanto así, que podrás seguir adelante con tu meditación.

A medida que continúas profundizando en el segundo nivel de concentración, experimentas la "unidad de mente" y la quietud interior. En este nivel, ya no mantienes el pensamiento aplicado y sostenido porque sólo experimentas alegría pura debido al estado de concentración en sí mismo.

Tal como en los otros estados, este sentimiento de gozo puro se disipa con el tiempo. Entonces se transforma en el tercer nivel de concentración, donde llegas a estar plenamente consciente y en control de tus facultades.

El cuarto y último nivel de concentración intensa tiene lugar después que has abandonado tu deseo y sufrimiento y luego de que las emociones como alegría pura o tristeza se desvanecen. En este nivel, únicamente se experimenta la atención plena clara y constante.

Muchos eruditos budistas aconsejan que aquellos que quieren seguir el Noble Camino Óctuple deben aplicar todas las divisiones simultáneamente, en lugar de hacerlo de manera lineal. Cada uno de los ocho factores son de igual importancia y son, de hecho, interdependientes. Sin embargo, algunos eruditos creen que el último factor – *Samadhi* Correcto – sólo puede ser alcanzado si los anteriores han sido desarrollados lo suficiente.

Es importante escuchar a tu yo interior y comprender qué está funcionando y qué no. La senda a la iluminación no es una ciencia exacta, es una vía que cada persona transita y cada una, a pesar de tener algunas semejanzas, es concebida únicamente por tu verdadero yo.

Ahora que has llegado al final de este capítulo, ¿qué opinas acerca de las Cuatro Nobles Verdades y del Noble Camino Óctuple? ¿Estás de acuerdo con sus enseñanzas?

Si es así, entonces puedes aceptar el conocimiento que has conseguido para que lo apliques a tu vida cotidiana.

De no ser así, entonces tal vez encontrarás las respuestas en los subsiguientes capítulos. El próximo, en particular, te habla de las distintas escuelas budistas.

CAPÍTULO 4: CÓMO PRACTICAR LOS CINCO PRECEPTOS DEL BUDISMO

Los cinco preceptos del budismo son una guía ética fundamental para los budistas. Sin embargo, no deben verse como un conjunto de normas rígidas, sino como cuidadosas sugerencias para vivir una vida libre de sufrimiento. Después de todo, Buda siempre enfatiza el poder de decisión del ser.

Lo siguiente es una descripción de los Cinco Preceptos, así como sugerencias de cómo poner en práctica cada uno de ellos:

Primer Precepto: No Quitar la Vida Intencionalmente a Ningún Ser Vivo.

"Yo asumo el precepto de abstenerme de matar".

Los seguidores de las enseñanzas de Buda, no deben entretenerse con la idea de causar daño o peor aún, de matar a cualquier otro ser viviente, sea este humano o animal. Antes bien, deben cultivar genuina preocupación por ello y tener bondad amorosa hacia el bienestar de los otros.

Debes pensar en el Primer Precepto cada vez que estés tentado a dañar a cualquier ser vivo, sea este un insecto o una persona. Lo menos que puedes hacer e evitar tener que ver con la matanza de animales sin sentido, por deporte o sobreconsumo. Este Primer Precepto es, de hecho, lo que inspira a muchos budistas a volverse veganos.

Segundo Precepto: Toma sólo lo que se te da.

"Yo asumo el precepto de abstenerme de tomar lo que no me ha sido dado".

Esta enseñanza desalienta grandemente el robar o "tomar prestado" artículos pertenecientes a otros sin regresarlos. Siguiendo esta doctrina, los budistas persiguen la igualdad en la distribución de los recursos, al mismo tiempo que desean asentar el valor de la generosidad en ellos mismos.

Para poner en práctica el Segundo Precepto en la vida moderna, puedes trabajar en pro de vivir a través de tus propios medios y pagar todas tus deudas. Muchos budistas han preferido llevar unestilo de vida reducido a su mínima expresión, pues ello guía a las personas a deshacerse del consumismo y vivir significativamente.

Tercer Precepto: No Utilizar los Sentidos de una Manera Incorrecta.

"Yo asumo el precepto de abstenerme de mala conducta sexual".

En el sentido tradicional, la tercera regla aconseja en contra de vivir dominado por el sexo, pues se entiende que ello lleva al sufrimiento. En su lugar, los budistas son motivados a vivir una vida contenta con pensamientos y acciones que sirvan a propósitos significativos.

Se puede interpretar el Tercer Precepto como algo que abarca todo abuso de los sentidos. Por ejemplo, puede ser tomado como consejo en contra de la comida en exceso, lo cual lleva a tales sufrimientos como la obesidad. Los budistas son guiados a hacer las cosas (incluyendo el consumo de alimentos) con moderación y con buenos propósitos.

Cuarto Precepto: No Hablar Falsedades.

"Yo asumo el precepto de abstenerme de hablar en falso".

Buda enseña que uno no debe mentir, calumniar ni involucrarse en chisme malicioso. En vez de ello, debemos hablar sólo palabras verdaderas y amables y estar motivados por intenciones positivas cuando hablamos con otros.

El Quinto Precepto enfatiza el daño causado por beber alcohol y tomar drogas y estimulantes innecesarios.

Los budistas están en la senda que lleva a mejorar la concentración y cultivar el pensamiento racional, por tanto, este precepto es un cuidadoso recordatorio de lo que causa lo contrario a esto.

Como puedes ver, cada uno de los Cinco Preceptos tienen perfecto sentido. Sin embargo, seguirlos depende solamentede tu voluntad, en especial porque Buda alienta a todos a pensar y experimentar las cosas por sí mismos, en lugar de seguir una fe ciega.

CAPÍTULO 5: LA ESENCIA LA VIDA Y LA ILUMINACIÓN

Cuando un ser humano ha satisfecho sus necesidades básicas -comida, agua, refugio, seguridad, etc.-, comienza a preguntarse acerca del propósito de su existencia o la esencia de la vida. Buda mismo reflexionó en esto, especialmente porque había sido un noble cuyas necesidades primarias estaban completamente satisfechas.

Luego de alcanzar la Iluminación, Buda compartió sus reflexiones con los demás. Sus enseñanzas fueron luego compiladas en lo que ahora se conoce como *Dharma*, cuyo propósito es ayudar a aquellos que buscan la esencia de sus propias vidas y, por último, alcanzar la Iluminación.

Así que, ¿cómo comenzar tu senda hacia la auto realización? Según las enseñanzas budistas, puedes alcanzarla ayudando a otros, cultivando las Cuatro Moradas Sublimes y aplicando las Seis Perfecciones a tu vida.

Ayudar a Otros

Para encontrar la esencia de la vida en este aspecto, comenzarás por tener sentido de responsabilidad hacia otros seres, especialmente por aquellos que se encuentran en una posición más difícil que la tuya. Tal vez quieras ofrecerte voluntario en una organización local de caridad o utilizar tus habilidades para el bienestar de los demás.

Cultivar las Cuatro Moradas Sublimes

Se recomienda la meditación para hacer crecer las Cuatro Moradas Sublimes llamadas:

- Bondad amorosa,
- Compasión,
- Regocijo y
- Ecuanimidad.

He aquí algunos pasos a seguir para lograrlo.

En un lugar pacífico y tranquilo, reflexiona por algunos momentos acerca de las Cuatro Moradas Sublimes.

Por ejemplo, si vas a meditar sobre la bondad amorosa, piensa en la manera de describir este sentimiento.

Visualiza esa persona en tu vida que puede hacerte evocar ese sentimiento rápidamente y de una manera genuina.

Si meditas sobre la bondad amorosa, piensa en la persona que más te importa y a quien amas con todo tu corazón.

Al invocar con calidad el sentimiento, déjalo reverberar desde tu interior hasta tu alrededor.

En el caso de la bondad amorosa, puedes visualizar no sólo la persona amada, sino también otras que no te importan tanto en tu vida cotidiana. Con la práctica, puedes dirigirla hacia aquellos que no te gustan particularmente.

Continúa extendiendo el sentimiento de calidad hacia todos los seres en el mundo. Visualízatedespilfarrándolo desde tu corazón hacia todos ellos.

Puedes practicar regularmente esta forma de meditación, de tal manera, que las Cuatro Moradas Sublimes se tornen con el tiempo, más naturales en ti. Abrazando estas cualidades, te permitirá ver la verdadera esencia de la vida.

Aplicar las Seis Perfecciones

Las Seis Perfecciones (*paramita*) constan de la senda del *Bodhisattva*, la cual fue diseñada para combinar la compasión con el discernimiento en la verdadera esencia de la vida. Ellas son:

- Generosidad,
- Conducta moral,
- Paciencia,
- Esfuerzo,
- Concentración y
- Sabiduría

Echemos un vistazo a los pasos prácticos a seguir para alojar las Seis Perfecciones en tu vida:

Generosidad

Liberarse significa estar abierto a ayudar a los otros sin esperar nada a cambio. Existen varias maneras de volverse más generoso hacia los demás, pero en las enseñanzas del budismo tradicional, tenemos cuatro formas:

1. Compartir las enseñanzas de Buda

Guiar a otros hacia la senda que les libera del sufrimiento es algo generoso de hacer. Esto permite a los demás pensar y actuar por sí mismos y obtener la motivación correcta para llevar una vida significativa.

2. Proteger a otros seres

Cada día, otros seres vivientes, humanos y animales por igual, deben vivir bajo condiciones inquietantes. La única manera de salvarles es mediante la ayuda de aquellos que se encuentran en mejores condiciones. Puedes ser generoso con tu tiempo y esforzarte en protegerlos y conducirles a una vida mejor.

3. Inspirar y motivar a otros

También puedes practicar lo que enseñas a través de la meditación y siguiendo las enseñanzas de Buda. Cuando los demás vean de lo que eres capaz, también han de sentirse inspirados a hacer lo mismo.

4. Ofrecer bienes materiales

Los seres vivientes necesitan alimento, vestido, refugio y otros materiales para mejorar su calidad de vida. Tu generosidad al ofrecer dichos bienes, pueden beneficiarles tremendamente. De hecho, esta es la forma más asociada al concepto de caridad.

Conducta moral

El comportamiento ético es ejercitar la auto disciplina de manera tal, que no cause daño a otros seres. El esfuerzo que se pone en elegir la senda más difícil pero moralmente recta, en vez de la fácil pero incorrecta, es una de las maneras de alcanzar esta Perfección. Otra forma es cultivar la compasión genuina por otros a través de la oración, la meditación y el buen trabajo.

A través de la práctica constante, la conducta moral se volverá más natural y espontánea.

Paciencia

Mientras más practiques las enseñanzas de Buda, más naturalmente paciente serás. La paciencia te protege a ti y a los demás, porque te contiene de expresar sentimientos como la ira y transformarlos en acciones destructivas. Al continuar creciendo en ti la paciencia, notarás que esos sentimientos negativos se debilitan hasta el punto en que ya no los sentirás.

Esfuerzo

En este sentido, el esfuerzo se refiere al compromiso y la perseverancia en la escogencia del bien. También significa hacer las cosas con entusiasmo en lugar de hacerlas como si estuvieras absteniéndote o resistiéndote a algo. Algunos maestros budistas enfatizan que el esfuerzo es la base de las demás Perfecciones, ya que, con ella, el resto encajará de una forma natural.

Para practicar el Esfuerzo, debes comprender y reconocer la presencia de los tres obstáculos que le obstruyen. Ellos son el derrotismo, la persecución de lo trivial y la flojera.

El derrotismo es retener pensamientos negativos de auto fracaso, tal como pensar que no tienes lo que se necesita o dejar que tus miedos te superen. Puedes vencer esto a través de mantras o afirmaciones que te recuerden que puedes ser comprometido y perseverante si así lo quieres.

La persecución de lo trivial son actividades distractoras que evitan que alcances tu pleno potencial. No tienen propósito significativo alguno en tu vida, más que gratificación momentánea y deseos superficiales. Si bien no hay nada malo en relajarse e involucrarse en ellas ocasionalmente, debes procurar no volverte adicto.

La flojera no es otra cosa que no hacer algo porque no quieres. Puedes pensar en ello como una fusión entre los dos primeros obstáculos, debido a que tu actitud hacia la tarea provoca que te enfrentes a persecuciones triviales, un fenómeno comúnmente conocido como proclastinación.

La única manera de salir de esto es teniendo la energía de realizar la tarea de inmediato. Por supuesto, será más fácil equipándote con buena salud física y mental y aplicando estrategias como comenzar temprano en la mañana.

Concentración

La meditación es la clave para mejorar tu

fuerza, así que tómate el tiempo para practicarla a diario. Comienza con ejercicios de meditación simple, tales como sentarte y respirar. Unavez que te acostumbres, accederás a niveles más profundos que te permitirán reducir el dolor físico y los traumas emocionales.

Sabiduría

Es el nivel más alto de las Perfecciones. La Sabiduría consiste en la habilidad de discernir nuestros pensamientos para escoger el bien sobre el mal hacia otros y hacia uno mismo. Según el budismo, la Perfección de la Sabiduría significa ser capaz de ver la realidad tal y como es sin estar cubierta por nuestros juicios.

Como siempre, el mejor consejo para cultivar la Sabiduría, es seguir las enseñanzas de Buda. Sin embargo, si deseas saber cómo comenzar, puedes hacerlo determinando tuspatrones de pensamientos habitual. Un hábito de pensamiento importante es identificar cómo te mirarías usualmente a ti mismo, a otros y a aquello que te rodea.

CAPÍTULO 6: PRACTICANDO LA MEDITACIÓN MINDFULNESS PARA ALIVIAR EL ESTRÉS Y LA ANSIEDAD

El sufrimiento es una parte inevitable de la vida, y hasta alcanzar el estado de Iluminación, ayuda conocer cómo salir adelante con cada reto que enfrentas. Las situaciones estresantes pueden mezclar las emociones de dolor y ansiedad, más aún si tienen que ver con las cosas a las que más apegado estás. La buena noticia es que las enseñanzas budistas te muestran formas de superar tales emociones y eventos. Y lo más eficiente es la Meditación *Mindfulness* (Atención Plena. N del T).

El rasgo del *Minfuldness* es prestar cuidadosa atención al momento presente. Ayuda a alejarte de tus preocupaciones por el futuro y de tus miedos por el pasado. Te permite ver la realidad tal y como es, despejada de suposiciones y expectativas. Estudios muestran cómo la meditación *mindfulness* efectiva reduce el estrés instantáneamente y por largo tiempo.

El estrés es una reacción natural a situaciones percibidas como amenazantes que desencadena mecanismos, bien para enfrentar el problema o para huir de él. Sin embargo, la mente es incapaz de diferenciar entre el estrés causado por un escenario que amenaza la vida (como el incendio de una casa), y uno que no lo hace (como la inminencia de una fecha límite). En ambos casos, cuerpo y mente reaccionan de la misma manera.

Lo interesante acerca del estrés es que se desencadena sólo por cómo percibes la fuente. ¿Recuerdas la analogía de la Serpiente y la Cuerda en el Capítulo 15? Por consiguiente, si aplicamos las enseñanzas del budismo para aliviar el estrés he aquí los pasos a seguir:

Admitir los síntomas físicos y mentales del estrés o la ansiedad.

¿Cómo saber si estás estresado o ansioso? ¿Qué te hace notar que es eso lo que experimentas y no otra cosa?

Algunas personas notan que su corazón late mucho más rápido o experimentan escalofríos. También puede que comiencen a reír incontroladamente, mientras que otros se quedan en blanco o se plagan de toda clase de pensamientos negativos por el resto del día.

Sé plenamente consciente de los síntomas que experimentas cuando estás estresado o ansioso.

Observa con cuánta frecuencia experimentas estrés y qué lo dispara.

Mantén un pequeño cuaderno de notas o crea un archivo en tu móvil para hacer seguimiento de los momentos en los que te sientes más estresado o ansioso diariamente. Puedes recordar y tomar nota al final del día. Haciéndolo, te ayudará a estar más al tanto de esas experiencias estresantesy te posibilita precisar las fuentes de tu estrés.

Por ejemplo, toma nota de la hora del día cuando te sentiste estresado, su intensidad basada en una escala (digamos, del 1 al 10) y la situación, persona, cosa o pensamiento que lo desencadenó.

Aparte de eso, toma nota de cómo reaccionaste a la situación. ¿Huiste de la escena? ¿Te quedaste allí sin hacer nada?

Lo que sea, anótalo.

Considera las Mejores Maneras de Responder al Estrés y la Ansiedad.

El cuerpo responde según cómo la mente percibe una situación estresante, así que, la mejor manera de sentir menos estrés, es calmando primero la mente. Por tanto, mientras más fuerte es tu mente, más resistente es tu cuerpo ante dichas situaciones. Comienza por reconocer tu poder de elección.

Por ejemplo, puedes utilizar tu diario para reflejar cómo respondes normalmente a esas situaciones. ¿Cuál crees que es la mejor manera de manejarlas? Existen muchas opciones saludables. He aquí algunas que están alineadas con los principios del budismo:

- Practicar respiración en la meditación para regularizar el ritmo cardíaco y respiratorio.
- Hacer caminatas de meditación *mindfulness* para apartarse temporalmente de la situación estresante y permitir a tu mente pensar con profundidad.

- Apartarse de sustancias tóxicas que únicamente impiden el sano juicio (particularmente el alcohol).
- Ejercitarse con *mindfulness* para entrenar el cuerpo a ser más resistente.
- Desconectarse de la situación como si fuese un mero espectador.
- Recitar un mantra que ayude a fortalecer la mente, tal como "todo va a estar bien" o "Estoy calmado y sereno".

Una vez que han surgido respuestas positivas en contra del estrés y la ansiedad, puedes practicarlas regularmente a través de la meditación.

Respiración en la Meditación

La respiración *mindfulness* es la atención plena en inhalar y exhalar; simplemente ser consciente de tu respiración sin cambiarla. Su práctica es una forma excelente no sólo de aceptar y expresar gratitud por la habilidad de respirar, sino que también ayuda a regularizarla durante las situaciones estresantes.

La respiración en la meditación, por otra

parte, se puede hacer utilizando variedad de técnicas. Una de ellas es la meditación de respiración profunda, la cual es increíblemente efectiva reduciendo el estrés y la ansiedad. He aquí los pasos para hacerla:

1. Siéntateo acuéstate cómodamente, manteniendo tu espalda derechay tus hombros relajados.
2. Enfócate en tu respiración natural, notando cada movimiento.
3. Pon una mano en tu pecho y la otra en tu abdomen mientras continúas respirando naturalmente.
4. Comienza a respirar profundamente. Mientras inhalas, nota cómo tu abdomen se hincha, pero no tu pecho. Mientras exhalas, observa cómo tu estómago cae mientras el pecho permanece relativamente quieto.
5. Continúa respirando profundamente por algunos minutos hasta sentirte más relajado.

Otra respiración en la meditación que puedes intentar para aliviar el estrés y la ansiedad, es contar tus respiraciones. Esto te ayuda a relajarte y calma la mente tanto como el cuerpo. He aquí los pasos:

1. Siéntate o acuéstate cómodamente; hombros relajados y espalda recta.
2. Comienza respirando con naturalidad. Luego, cuando estés listo, empieza a contar cada respiración. Inhala primero, luego exhale, contando ambos como uno.
3. Cuenta cada respiración hasta diez. Tan pronto como alcances ese número, comienza de nuevo del uno al diez.
4. Si tu tren de pensamiento se pierde en el camino, solo comienza desde uno otra vez. Ten cuidado de no auto criticarte por perder el ritmo.
5. Continúa contando tus respiraciones hasta que te sientas más relajado.

<u>Sé Consciente de tus Patrones de Pensamiento</u>

Los causantes del estrés moderno no son el principal motivo de tu estrés y ansiedad. Tiene más que ver con tus perspectivas. Las enseñanzas de Buda ofrecen plenitud de maneras para transformar tus patrones de pensamiento y mejorarlos.

Sin embargo, cualquiera se puede distraer por las demandas de la vida cotidiana. Por consiguiente, para ayudar a tu mente a enfocarse en las enseñanzas budistas, he aquí algunas maneras de lograr ser más consciente de la manera en que piensas y te percibes a ti mismo y a tu entorno:

Mira las cosas desde un ángulo diferente.

Imagínate en los zapatos de alguien más, alguien a quien tú admiras (¿Buda mismo, tal vez?). ¿Cómo piensas que esta persona percibiría la situación? ¿Cómo respondería a la fuente del estrés? A veces este ejercicio puede cambiar la manera en que ves las cosas.

Identifica las partes individuales del causante del estrés.

Observar un gran asunto como un todo, puede ser agobiante, emocional y mentalmente. Por tanto, sería una buena idea dividir el problema en partes más pequeñas y manejables para que puedas parar de proclastinar y comenzar a resolver.

Consulta un experto.
Si aceptas el hecho de que tú solo eres incapaz de solucionar tu problema de estrés y ansiedad, entonces no temas acercarte a un experto. Recibir guía de alguien que ya ha alcanzado la sabiduría para resolver dichos problemas, no sólo te traerá gran beneficio, sino que te capacitará para manejar el problema por ti mismo más tarde.

Ten en mente que el estrés y la ansiedad son meras señales que tu mente y cuerpo te envían para hacerte saber que un problema más profundo subyace en tu interior. Depende de ti descubrirlo mientras continúas avanzando en tu viaje espiritual.

Séabierto a re-aprender y dejar ir ciertas cosas en tu vida. Sin embargo, si tropiezas, simplemente levántate, resta importancia y continúa. No hay fecha límite ni competencia hacia la Iluminación. Recuerda que el mismo Buda dijo que todos los seres son igualmente capaces de alcanzarla.

CAPÍTULO7: TU FORMA HUMANA BUDISTA

Como ya lo hemos explicado, el cuerpo en el que estás aquí y ahora es sólo temporal, y cuando tu cuerpo muera, tú serás reencarnado en el siguiente. Sin embargo, aquello no nos da el visto bueno para tratarle de la manera que queramos. El propósito de la meditación y todo lo demás, es encontrar la verdadera Iluminación en esta vida para así poder romper el ciclo del sufrimiento. Recuerda que la vida es el ciclo del sufrimiento y nos esforzamos por comprender plenamente y alcanzar el Nirvana, el estado de la nada y el todo al mismo tiempo, en una vida. Para lograrlo, necesitamos cuidar el cuerpo que tenemos.

Asegurar una vida más larga te regalará más tiempo para alcanzar tu perfecto estado de iluminación. Un cuerpo puro y saludable también evitará que todas los químicos innecesarios y los problemas de salud nublen tu mente consciente, haciendo difícil encontrar aquel pacífico lugar en la meditación. He aquí algunas de las diferentes áreas de la vida que te ayudarán a entender cómo cuidar la bella forma humana que tienes hoy.

Comer Sano

Es verdad que la mayoría de los budistas son vegetarianos o veganos, pero no es sólo porque estamos decididos a no dañar a creatura viviente alguna. Nuestros cuerpos fueron hechos de tal manera que, si se hace correctamente, puedes vivir una vida saludable y feliz con una dieta basada completamente en vegetales. Esto no apunta a la absoluta creencia de que te alimentarásde vegetales crudos, sino que no vas a incluir ningún producto proveniente de animales ni que contengan aditivos químicos.

A pesar del intento público de impulsar falsas ideas de que comer carne y beber leche es la única manera de asegurar nuestra supervivencia, se ha descubierto que una dieta basada en vegetales mejora enormemente nuestra salud. Esta manera de comer también reduce hasta diez veces el riesgo de condiciones tales como enfermedad cardíaca y cáncer.

Nuestro organismo trabaja extra para procesar la carne y los químicos. Además de eso, tenemos que las sustancias antinaturales que ingerimos también afectan nuestra condición mental. Por ejemplo, yo crecí comiendo carne y bebiendo tres vasos de leche al día y muchas de mis comidas venían empacadas. Una vez que corté con todo eso y comencé una dieta basada en vegetales, mi promedio de salud mejoró, incluyendo mi DDA (Desorden de Déficit de Atención. N del T.) y mis problemas mentales que incluían ansiedad y depresión. Acoplando mi régimen alimenticio con meditación, mi cuerpo y mi mente están mucho más en paz.

Ejercitación

No hay nada malo con una rutina diaria de ejercicios, pero para este propósito no hablaremos de agotarnos y aferrarnos al último video de entrenamiento. En casi todas las clases de budismo, se cree que para lograr una mente realmente descansada primero debes cansarte. Cada día deberías participar en alguna actividad física, desde jardinería hasta excursionismo o caminatas con meditación. Este esfuerzo físico te ayudará a que tu mente descansada alcance un estado de paz tal, que te será más fácil meditar.

La actividad física es también una manera asombrosa de asistirte cuando no puedes calmarte lo suficiente para alcanzar el nivel meditativo que buscas. A veces, cuando soy incapaz de enfocarme adecuadamente para conseguir mi pleno estado meditativo, me detengo, me levanto, camino un poco, hago yoga u otras cosas y luego regreso a mi meditación. Si tuve un día importante con mi familia o en el trabajo, siempre tengo que hacer algún ejercicio físico para preparar mi mente a la meditación. Durante estas actividades físicas, también estoy permitiendo a mi mente consciente ir donde quiera. De cierta forma, estoy autorizando que las distracciones de mi ego se encarguen lo suficiente para extraer lo que me está tratando de decir. Después de eso, puedo calmar mejor mi estado consciente, para así poder escuchar a mi verdadero yo.

Vicios

Bien sea tan algo tan peligroso como drogas, alcohol, fumar o en menor escala, azúcar y refrescos, todos luchamos contra un vicio en algún momento de nuestras vidas. Estos tipos de estimulantes impiden tener una mente clara y básicamente bloquean tu verdad y cualquier oportunidad de Iluminación. Así como los químicos que ingieres en carnes y comidas procesadas, estas sustancias -y, sí: el azúcar es un químico-, cambian la forma como tu mente trabaja y crean resultados negativos en tu cuerpo físico, los cuales continúan ese bloqueo. Cualquiera que sea tu vicio, decidir abandonarlo es una de las mejores cosas que puedes hacer por tu mente, tu cuerpo y por ti mismo. Se ha descubierto que la verdadera iluminación será imposible si llenas tu cuerpo con cosas negativas.

Piénsalo de esta manera: cada vez que pones algo dentro de tu cuerpo, ocurre una reacción. Si fumas, tus pulmones se enferman y la adicción plagará tu mente. Si comes una manzana, satisfarás el hambre y proveerás a tu cuerpo de energía positiva. Lo que entra, siempre sale, así que cuida de acabar tus vicios y darle a tu mente exactamente lo que necesita.

Meditación

Si quieres sacar de escena la búsqueda de la Iluminación y enfocarte en los aspectos positivos del proceso de meditación, encontrarás que crea un resultado positivo para todas las partes de tu sagrado cuerpo. Tu condición mental y física se pueden percibir como dos cosas diferentes, pero están conectadas de muchas maneras. Piensa en la última vez que te sentiste mentalmente fenomenal: automáticamente también te sentiste físicamente asombroso, y viceversa. Mente y cuerpo van de la mano. La meditación es una herramienta que fortalece el control de tu mente. Cuando quieres calmar tu mente para meditar, estás practicando una habilidad que puedes tener a la mano en tu vida cotidiana.

Apuesto a que si piensas en la última vez que te molestaste por algo, después te diste cuenta de que era ridículo e innecesario. Ahora imagina que tienes ese control sobre tu mente consciente y que pudiste notar el error antes de permitir que afectase tu cuerpo por completo.La situación y tu día, hubieran resultado totalmente diferente. Piensa en tu mente o tu ego, como quieras llamarlo, como una herramienta que utiliza tu cuerpo. Esa herramienta luchará para mantener el control, pero no eres tú. Cuando este cuerpo muere y eres reencarnado, la única cosa que llevas contigo es tu yo o el verdadero inconsciente. Por tanto, no dejes que el ego apegado a este cuerpo sea el obstáculo que afecte tu salud física y mental.

Empatía

Buscando entender, trata de recordar lo que se ha dicho acerca de que tu estado mental afecta tu cuerpo físico y viceversa. La empatía es la habilidad de sentir emociones y de apreciar también los sentimientos de los demás. Esta herramienta es útil en muchos y diferentes escenarios. Cuando alguien está molesto y no sabes por qué, pero la está tomando contigo, ser empático y entender que está molesto por algo es mucho mejor que ponerse a la defensiva. Básicamente lo que estás haciendo es ponerte en los zapatos del otro por un momento.

Piensa en las muchas circunstancias de tu vida que hubieran mejorado de haber sido capaz de apartarte de tu ego y haber sido empático con el otro.Esta empatía te puede guiar a áreas de tu vida de las que no te habías dado cuenta o no habías tenido la paciencia de ver que las tenías. Mirando las dos caras de la moneda, ocasiona lo que estamos buscando comenzar: la verdad. La pura verdad. Con el conocimiento de la verdad, puedes notar que es mejor, no lo que es "correcto" desde tu perspectiva, sino la calidad en su más pura forma, carente de opiniones políticas, sociales y personales. Sin importar cómo te sientes acerca de algo, eso no significa que sea verdad. La empatía puede ayudarte a discernir entre lo que quieres ver y lo que está allí.

Como con cualquier otra cosa en la vida, cuidar de tu cuerpo y mente y salirte del ciclo de acciones negativas, puede resultar arduo. Este es el punto en el que la práctica de intenciones juega un importante papel para ayudarte. Si sabes cuáles son tus intenciones, tanto mental como físicamente, serás capaz de recordarte a ti mismo y en todo momento, que vas a formar parte de algo que podría dañar tu forma humana budista. Entendemos que cambiar completamente tus hábitos alimenticios puede ser duro, pero notarás que, al comenzar a ingerir alimentos saludables, tu cuerpo los anhelará. Es una señal, que cuando consumes productos químicos y animales, no te enfermas si añades vegetales, pero si te alimentas a base de vegetales y agregas aleatoriamente carne o químicos, tu cuerpo los rechaza. Igual sucede con los vicios y los pensamientos negativos. A medida que continúas, se volverá 100% natural practicar estas acciones.

CAPÍTULO 8: CÓMO MEJORAR TU ESTILO DE VIDA UTILIZANDO LA MEDITACIÓN

La meditación es una parte importante de la práctica budista, sin importar la escuela. Se dice que la oración es hablar con Dios; la meditación es escuchar las respuestas. Existen miles, tal vez millones de meditaciones. Sin embargo, a menudo caen en unas cuantas categorías generales. Meditación de Interiorización: tiene como objetivo incrementar la sabiduría; precisamente, el entendimiento de la no-dualidad. Sin embargo, aunque la verdad de la no-dualidad es crucial, se revelan muchas otras interiorizaciones. Por ejemplo, quién eres versus cómo llegaste a creer que eres quien crees ser, lo cual no es quien eres.

Un ejemplo de meditación de interiorización es sentarse en calma, ojos ligeramente cerrados y enfocar la atención en distintas partes de tu cuerpo. Hazte consciente de cualquier sensación que surja. No reacciones a nada que venga de tu consciencia; sólo haz tu mejor esfuerzo para permanecer alerta y consciente de cualquier cosa que sientas o percibas. Esto puede sonar a que no tiene nada que ver con obtener interiorización, pero funciona, y bien.

Este tipo de meditación, llamada *mindfulness*, conlleva prestar gran atención a nuestras vidas. Concede una experiencia más inmediata de VIVIR nuestra vida, en lugar de pensar acerca de vida y sensación. ¿Recuerdas entrar en tu auto y manejar hasta tu trabajo, pero no recuerdas el hecho en sí, de haber manejado porque tus pensamientos estaban en otro lado? Cuando seas practicante experimentado de la meditación *mindfulness,* podrás decir adiós a tales eventos.

Considera que si estás pensando en lo que acaba de suceder (y en cualquier cosa que puedas concientizar que ya haya sucedido), entonces estás pensando en el pasado. Si imaginas alguna posibilidad futura, entonces estás imaginando y no experimentando. No hay nada inherentemente incorrecto en ninguna de estas maneras de ser; tienen su lugar en nuestras vidas, pero mientras más atención prestas a ello, menos consciente de la realidad estarás.

Un beneficio principal del *mindfulness* es que uno se vuelve intensamente consciente de la breve existencia de todo. Mientras más convencido estás de esto, menos seriamente tomas lo que surge. De esta manera, podemos experimentar con el tiempo la vida sin sufrimiento a través de la mente. Por qué molestarse si uno SABE que la situación cambiará… y luego cambia otra vez… y otra. La única cosa que no parece cambiar es AQUELLO de lo que se está consciente: de nuestros pensamientos, emociones y sensaciones. Nos volvemos capaces de encontrarnos con las vulgaridades (y las alegrías) de la vida con un poco más de aplomo. No nos agitamos tan a menudo. Y si algo nos molesta, regresamos a la calma mucho más rápido.

Como he mencionado, existen muchas, muchas formas de meditación. Algunas requieren sentarse en calma; otras son activas, y algunas son una mezcla entre estas dos. En todo caso, hay un creciente equipo de científicos que investigan para apoyar lo que los practicantes de la meditación han sabido todo este tiempo: que la meditación es probablemente la actividad más beneficiosa que uno puede realizar para mejorar la calidad de vida.

Consejos para Acallar tu Mente

La meditación está considerada como el arte de enfocarse con un cien por ciento de la atención en un área en particular. La práctica conlleva importantes beneficios para la salud, que incluyen incremento en la concentración, sensación de felicidad y disminución de la ansiedad. Aunque algunos individuos practican la meditación en algún momento de sus vidas, existe sólo un pequeño porcentaje que persevera lo suficiente para sentir sus beneficios. Esto es muy desafortunado y puede ser una posible razón por la cual las personas temen experimentarla. Tu actitud hace la mayor diferencia.

1. Realiza un formato de prácticas. Sólo accederás al próximo nivel de meditación si planificas un horario para ello. Yo recomiendo hacerlo al menos dos veces al día.

2. Comienza con tu respiración. Cuando respiras profunda y lentamente, el ritmo cardíaco relaja tus músculos y esto hace que tu mente se enfoque. Es una maravillosa forma de comenzar tu práctica.

3. Estírate antes de comenzar. El estiramiento suelta tus músculos y tendones. Permitirá que te sientes o te acuestes con mayor comodidad. Además, conlleva prestar atención a tu cuerpo.

4. Asegúrate de meditar con un propósito. Los principiantes necesitan entender que la meditación es un proceso activo. Este arte es arduo al principio, así que tendrás que estar comprometido intencionadamente.

5. Puede que la frustración te sorprenda. Esto se observa con frecuencia en los principiantes. Podrías encontrarte pensando por qué lo estás haciendo o por

qué es tan difícil concentrarte. Este es un ejercicio mental y se dará con la práctica. Sólo enfócate con mayor ahínco.

6. Siente tu cuerpo. Un bello ejercicio para principiantes es advertir tu cuerpo cuando tu estado meditativo comienza a arraigarse. Una vez que la mente está quieta, presta atención a tus pies y luego continúa ascendiendo por todo tu cuerpo lentamente. Asegúrate de incluir tus órganos internos. Esto es saludable e indica que tú, como principiante, te encuentras en el camino correcto.

7. Experimenta con tus posiciones. La mayoría de las personas piensan en la meditación con poses de yoga y piernas cruzadas. Esto no es correcto. Puedes meditar estando acostado, sentado en una silla, o en cualquier posición con la que te sientas cómodo.

8. Escoge una habitación en particular. Debes asegurarte que no sea donde trabajas, duermes o te ejercitas. Coloca velas u otro material espiritual que ayuden a sentirte tranquilo.

9. Lee acerca de la meditación.

Involucrarse ayudará a enfocarte mejor y a comprender aún más esta práctica.

10. Comprométete. La meditación es un modo de vida y no te beneficiará si te detienes. Esto lleva práctica.

11. Escucha música suave. La música instrumental, relajante y tranquila ayudará a tu proceso de concentración.

12. Crea momentos de consciencia durante el día. Hallar una respiración o estar presente mientras no lo estás en tu lugar formal de meditación, es una excelente manera de desarrollar el hábito de la meditación.

13. Asegúrate de no tener distracciones. Uno de los mayores errores cometidos por muchos principiantes, es que no se aseguran de mantener la tranquilidad. Si no apagaste tu teléfono móvil o silenciaste las notificaciones, no tendrás el lugar pacífico que necesitas para que la meditación funcione.

14. Realiza pequeños ajustes. Para los principiantes, el más mínimo movimiento puede transformar unafrustrada meditaciónen una de renovada sensación.

Estos pequeños cambios pudieran ser apenas percibidos por alguien externo, pero para el que medita, significará un mundo de diferencias.

15. Utiliza velas. Meditar con los ojos cerrados resulta difícil para el novato, pero las velas pueden emplearse como punto focal que fortalecerá tu período de atención. Puede ser bastante poderoso.

16. Asegúrate de no estresarte. Esto puede ser complicado para el principiante, pero es el consejo más importante. No importa lo que suceda mientras estás meditando, no te ocupes de ello en ese momento. Esto incluye el nerviosismo debido a la propia meditación.

17. Busca un compañero. A veces nosotros, como seres humanos, nos beneficiamos de la meditación con alguien en quien confiamos. Puedes hablar con un amigo o familiar acerca de los beneficios de la meditación y hacer pareja. Si tienes a alguien que te apoye, y en quien te apoyas, puede resultar en un proyecto de grupo que les beneficiará a ambos.

18. Medita en la mañana. Temprano en la

mañana es el momento ideal. Es más tranquilo y tu mente no está abarrotada del típico desastre cotidiano. También hay menos chance de distracciones. Haz un buen hábito el levantarte al menos media hora antes que nadie para practicar la meditación.

19. Agradece la experiencia. Luego de terminar la meditación, tómate unos minutos para apreciar la oportunidad que tuviste al practicarla y por la atención de tu mente.

20. Fíjate si tu interés ha comenzado a desvanecerse. Meditar es un trabajo arduo al principio. Podría llegar a un punto en el que pienses que ya no "te sienta" bien. Toma nota de esto, pues es el momento de practicar con más ahínco.

CAPÍTULO 9: TÉCNICAS DE MEDITACIÓN

Estrategias de Meditación #1: Principiantes

Si apenas estás comenzando a meditar, es mejor hacer primero meditación *mindfulness*. La meditación *mindfulness* es una de las técnicas de meditación más sencilla y que se practica más a menudo.

Para comenzar, recuerda los pasos que hemos discutido anteriormente. Asegúrate de no estar muy satisfecho ni hambriento, estar bien hidratado y vestir ropa cómoda.

1. Técnica *Mindfulness* Básica – Sentado en una silla o almohadón, respira profundamente y enfócate en tu respiración. Concientiza y presta atención a tu respiración; si tu mente comienza a divagar y piensas en el trabajo, la comida, tus relaciones o en cualquier otra cosa, suavemente redirige la atención a tu respiración. No te juzgues a ti mismo. Simplemente reconoce el pensamiento, déjalo ir y regresa el enfoque a tu respiración.

2. Técnica *Mindfulness* para Elevar y

Concientizar las Sensaciones Corporales – Una de las maneras de practicar la meditación *mindfulness* es sentado en una silla y respirar profundamente varias veces. Percibe todas las sensaciones que estás sintiendo en este momento. Advierte el hormigueo en los dedos de tus pies o la presión que sientes en tus manos. Tómate tiempo y repara en todas las sensaciones de tu cuerpo, desde tu cabeza hasta tus pies. Observa todos los sonidos, vistas, olores y sabores. Etiquétalos y déjalos ir sin ningún juicio.

3. Técnica de Meditación del Corazón de la Rosa – Esta es una técnica de meditación de concentración básica realizada por antiguos budistas. Para practicarla, necesitas una rosa o cualquier otra flor. Siéntate cómodamente en una silla y respira profundamente. Mira el centro del corazón de la rosa. Enfoca tu atención en la flor: observa su color, textura, curvas y pétalos. Si tu mente comienza a vagabundear, etiqueta tus pensamientos y vuelve tu atención a la flor. Puedes hacer esto por 5 minutos al

díadurante la primera semana y luego incrementar el tiempo a 10 minutos diarios en la segunda semana. Esta técnica te ayudará a amansar y controlar tu mente, así como a estar más presente y consciente de tus pensamientos y acciones.

Estrategias de Meditación #2: Intermedio

A los principiantes usualmente se les enseña a enfocarse y permanecer conscientes durante un breve período, digamos, de cinco a diez minutos. Se les muestra la atención plena y el control mental. Por otro lado, los practicantes intermedios pueden realizar la concentración, el mantra y la meditación creativa por períodos de tiempo más largos, digamos, de veinte a treinta minutos. Pudiera parecer fácil, pero permanecer enfocado en una sola cosa, frase o en cierto aspecto de tu vida durante veinte a treinta minutos, es bastante desafiante. Esta es la razón por la que únicamente a los practicantes intermedios se les aconseja hacerlo durante períodos más largos.

He aquí algunas de las estrategias y técnicas de meditación que los practicantes intermedios pueden realizar:

1. Práctica *Mindfulness* para Hacerte más Consciente de tus Emociones – Otra técnica de meditación *mindfulness* que puedes realizar es prestar atención a todas las emociones que estás sintiendo en el

momento. Esta es una técnica intermedia de meditación *mindfulness*.

Puedes practicar esta técnica si tus emociones son volátiles. Este método te ayudará a controlar tus sentimientos y emociones, volviéndote más desapegado a ellas. Practícala durante 15 a 20 minutos diariamente.

2. Técnica de Meditación para el Control de los Anhelos – Esta técnica es para aquellos practicantes intermedios que han desarrollado la suficiente auto consciencia y el control de sus pensamientos. Este método es utilizado frecuentemente en los centros de rehabilitación o en grupos de apoyo contra las adicciones, tales como Alcohólicos Anónimos.

Para realizarla, necesitas sentarte en una silla cómoda y concientizar tus ansias. ¿Ansías darte un gran banquete? ¿Ansías beber alcohol? ¿Ansías consumir sustancias dañinas e ilegales? Al volverte más consciente de las peticiones, etiquétalas y déjalas ir sin juicios. Reemplaza los deseos o anhelos con la aspiración de que se irán.

Cada vez que una petición dañina emerja, reemplázala cuidadosamente con la afirmación de que disminuirá. Esta es una técnica de persuasión para personas que luchan contra adicciones y abuso de alcohol. Esta técnica es también para aquellos que desean fortalecer la fuerza de voluntad e incrementar su susceptibilidad a las distracciones. Puedes practicarla durante 15 a 20 minutos al día.

3. Imaginación Guiada — Esta técnica de meditación, también llamada visualización guiada, es frecuentemente llevada a cabo por los que practican yoga, luego de realizar el *asanas* o componente físico del yoga. La imaginación guiada, a menudo se ejercita bajo la supervisión de un maestro de yoga o de meditación, quien convida a pensar en imágenes relajantes tales como una luz blanca, la playa o un bosque. La imaginación guiada está basada en el concepto de la psicología moderna de que mente y cuerpo están íntimamente conectados. Se construye en el hecho de que lo que sea que imaginas es percibido como real por tu cuerpo.

Una de las técnicas de visualización más básica que los psicólogos y médicos utilizan para ilustrar este punto, es imaginar una naranja detalladamente – su color, textura, sensación al tacto y olor. Los médicos piden oler y saborear la naranja mentalmente. Si lo haces, notarás que sientes el cosquilleo que percibirías al probar la naranja en la realidad. Esto es una evidencia concreta de que tu cuerpo percibe como real algo imaginario.

La imaginación guiada es utilizada principalmente para aliviar el estrés y relajar el cuerpo. Esta técnica de meditación es usada también por muchos practicantes de la ley de la atracción.

4. Meditación Mantra – Existen muchos tipos de meditación mantra. Uno de los más populares es la Meditación Trascendental, la cual es practicada por muchas celebridades y empresarios exitosos

Esta técnica requiere sentarse en una silla o almohadón cómodo. Cierra los ojos y respira profundamente varias veces. Enfócate inicialmente en tu respiración y luego comienza a recitar mentalmente un mantra.

Puedes repetir la palabra "amor" o "paz". Muchos practicantes intermedios de meditación recitan las palabras en sánscrito *"Baba Nam Kevalam"* que significan "Amor es todo lo que hay".

Cuando practicas esta técnica, debes enfocarte únicamente en el mantra. Si tu mente comienza a divagar y piensas en cosas triviales, regresa tu atención al mantra. Los practicantes intermedios de meditación, pueden realizar esto por 20 minutos dos veces al día.

Estas técnicas son seguras y los estudios muestran que no dejan efecto psicológico, mental o físico alguno. Se pueden realizar en casa, en un estudio de yoga, en la playa o en el jardín.

Estrategias de Meditación #3: Experto

Mientras la mayoría de las técnicas de meditación para principiantes e intermedios están dirigidas a la relajación corporal y mental y al incremento de la auto consciencia, las técnicas de meditación avanzadas buscan lograr alegría, paz, habilidades psíquicas y curativas y unión con lo Divino.

Estos métodos son practicados por expertos en meditación, tales como monjes, místicos espirituales y practicantes expertos en meditación. Estos maestros pueden concentrarse y enfocarse en una única cosa durante horas. Algunos maestros meditan durante, por lo menos, cuatro horas al día y adquieren habilidades psíquicas y supra humanas hasta el punto de levitar.

Recuerda que antes de practicar alguna técnica avanzada de meditación, necesitas limpiar tu cuerpo de malas energías negativas. Una manera de lograrlo es realizando el *asanas* o posturas de yoga. También puedes hacer ejercicios básicos como estiramiento, sentadillas, *tai chi* o ejercicios aeróbicos suaves.

He aquí algunas estrategias y técnicas avanzadas de meditación:

1. Meditación *Kundalini* – La Meditación *Kundalini* persigue despertar la energía *Kundalini* que se localiza en la base de tu espina dorsal. El *Kundalini* es el último recurso de la creatividad. Una vez que el

Kundalini está despierto, te volverás más creativo y productivo y es más probable que comiences tu viaje a la auto actualización. La meditación *Kundalini* puede ser peligrosa si no se practica correctamente, por lo que es recomendable hacerlo con un maestro o compañero.

Para realizar la meditación *Kundalini*, necesitas sentarte en una silla cómoda en posición de loto o semi-loto asegurándote de que tu espalda se encuentra completamente derecha. Cierra tus ojos y recita el mantra *"Ong Namo Guro DevNamo"* tres veces. Este mantra significa "Juro al Divino interior". Luego de gritar, respira profundamente y enfócate en tu respiración. Ahora, imagina que la respiración sale desde tu espina dorsal y que hay una energía que se levanta de tu espina hasta llegar a tu cabeza.

Continúa durante 15 o 20 minutos. Si sientes la cabeza pesada, significa que tu energía *Kundalini* ya se despertó. Luego de treinta minutos, haz una pequeña oración de gratitud.

2. Meditación de la Risa – La meditación de

la risa es una de las técnicas avanzadas de meditación más fáciles de hacer. Sin embargo, necesitarás gran concentración y fuertes habilidades de control mental para lograrlo. No es fácil reír simplemente, sin provocación de ninguna clase. Este tipo de meditación es utilizada a menudo para curar la ansiedad, el estrés y hasta la depresión.

Antes de comenzar, necesitarás ejercicios de estiramiento. Une tus manos entrelazando los dedos y hala los brazos lejos de tu cabeza. Suelta los músculos de tu rostro realizando ejercicios faciales. Cuando estés listo, siéntate y sonríe. Amplía tu risa y comienza a carcajearte. No pienses en nada divertido. Simplemente ríe sin provocación alguna. Tienes que profundizar tus carcajadas y asegurarte de que vienen de tu estómago. Concientiza tu risa y disfruta el momento. Puedes realizar esto durante diez minutos. Detén la risa y cierra tus ojos. Enfoca tus sensaciones. ¿Cómo te sientes? Vacía tus pensamientos y no pienses en nada más que en tus emociones y sentimientos. Deja ir todos los prejuicios. Continúa elevando tus sentidos y experimenta cada respiración. Cada movimiento de tus dedos. Siente el aire en tu piel y percibe la fragancia de tu habitación.

Haz esto por 10 o 15 minutos. Al practicar la meditación de la risa diariamente durante treinta días, verás mejorías significativas en tus emociones, sentimientos y en tu vida en general.

3. Técnica de Meditación Corazón de Foca – Esta técnica permite la unión con tu yo cristalizado. Cuando formas tu Yo, separas tu ego de tu Yo y abres el centro de tu corazón. Cuando formas tu Yo, te conviertes en uno con el Divino que vive en tu interior.

Para realizar la meditación corazón de foca, necesitas sentarte en posición de loto o semi-loto. Cierra tus ojos y lleva tu atención a ese espacio entre tus cejas. Cruza tus manos sobre el centro de tu corazón que está localizado al centro de tu pecho. Siente cuidadosamente tus latidos. Enumera suavemente tu pecho y recita *"Humee Hum BrahmHum"* en voz alta y rítmicamente. Enfócate en el momento y erradica los pensamientos que entren en tu mente. Esta práctica tiene como objetivo vaciar tu mente y volverse uno con el Divino en tu interior. Hazlo durante treinta minutos o una hora, de ser posible. Antes de terminar la sesión, recita una pequeña oración de gratitud. Bendícete, bendice a tus seres queridos, a tus amigos y hasta a tus enemigos.

Practica esto diariamente para lograr alegría, compasión y elevar el entendimiento. Como la mayoría de las técnicas de meditación avanzadas, necesitas realizar ejercicios físicos antes de comenzar cada sesión.

Las técnicas de meditación avanzadas se dirigen a mejorar la concentración y lograr una conciencia más elevada. También ayudan a enriquecer las relaciones y conseguir alegría y felicidad. Los maestros de meditación, en su mayoría han alcanzado consciencias más elevadas y han obtenido supremacía y control sobre sus mentes. Poseen la fortaleza mental superior y algunos pueden incluso leer las mentes y describir el perfil de las personas con sólo un vistazo. Más importante aún, los practicantes avanzados de meditación y los místicos alcanzan el estado de dicha donde pueden ser felices sin razón aparente.

Aunque mucha gente ha probado con la meditación, sólo unos pocos logran mantener el hábito. Esto hace que la meditación constante sea mucho más importante que hacer meditación. Como principiante, tu meta en la meditación no debería ser sólo aprender a meditar, sino hacer de ello un hábito cotidiano.

CAPÍTULO 10: CÓMO ESTABLECER UNA RUTINA DE MEDITACIÓN

Para hacer de la meditación una rutina diaria, he aquí algunas breves indicaciones:

Fija una hora determinada. Sólo te beneficiarás de la meditación si la practicas con regularidad. Para convertirlo en hábito, fija una hora determinada donde puedas meditar, al menos durante 10 minutos dos veces al día.

Ten un propósito para meditar. La meditación se trata de focalizar, lo que significa que la fuerza de voluntad está completamente involucrada en el proceso. Algunas veces, una pequeña motivación es lo que necesitas para apegarte a la rutina, y detrás de esa motivación, está tu propósito. Piensa en la razón por la cual quieres meditar y deja que sea tu recordatorio constante.

Escoge un área en particular para meditar. Ayuda si tienes un rincón tranquilo asignado únicamente como tu área de meditación. Acondiciona esa área colocando un suave almohadón y velas. Deja fluir tu juicio creativo.

Comienza con la respiración. Si ha llegado la hora de meditar, pero sientes que "no estás de humor", simplemente siéntate, relájate (manteniendo tu espalda recta), y enfócate en tu respiración. Deja que tu alarma te recuerde que lo hecho, hecho está. No importa si te sientes calmado o no al final de cada sesión. Lo importante es que lo hayas hecho.

Añade ejercicios de estiramiento. He aquí otra manera de comenzar a meditar, aún si no te sientes con ganas de hacerlo. Estira tu cuerpo, comienza con tus brazos y luego de pie, camina en puntillas. Estírate como si quisieras alcanzar el cielo. Después toma asiento y comienza a meditar. Te darás cuenta de que, en principio, lo que necesitabas era liberar algo de tensión de tus músculos.

Reconoce cuando la frustración golpea. Es completamente razonable para el principiante pensar cosas como: "no tiene caso", "estoy perdiendo mi tiempo" o algo por el estilo. Siempre que te sorprendas sintiéndote de ese modo, recuérdate a ti mismo que estos son obstáculos que te mantienen alejado del reconocimiento de tu verdadero potencial y de la experiencia plena de la vida. Sabes que la meditación te puede llevar allí, entonces, no te impacientes en el camino.

No pares de leer acerca de la meditación.Siempre que tengas tiempo, busca aprender más acerca de la meditación. Los pensamientos y sugerencias de los expertos y compañeros que la practican, te inspirarán a seguir tu rutina y te recordarán los beneficios de la meditación constante.

Explora.La meditación es como la prima del ejercicio, lo que significa que debes también agregar variedad a tu meditación, de lo contrario, te aburrirás. Existen muchas y diferentes técnicas de meditación por allí para que pruebes cada día. El mundo está a tus pies.

CONCLUSIÓN

Ahora que tienes toda la información básica que necesitas, es tiempo de ponerla en práctica. Recuerda que la meditación puede ser tan profunda y amplia como quieras. Puedes escoger nadar en la superficie del lago, o sumergirte en sus profundidades. Sólo depende de ti. Creo que este libro te ha ofrecido todo lo que requieres para nutrir tu práctica e indagar más acerca de la meditación. Siempre y cuando puedas mantenerte motivado y enfocado, puedes estar seguro de que verás los beneficios físicos, emocionales y espirituales. Te deseo mucho amor y lo mejor en tu viaje hacia latransformación en tu más grande Yo.

Parte 2

Introducción

La meditación ha existido durante miles de años. De hecho, se cree que existió antes de la historia escrita y que originalmente se asoció de una forma u otra con creencias o esquemas religiosos orientales. Aunque hay muchas tradiciones, lo que es común en todos los tipos de meditación es el hecho de que involucra al meditador observando su propia actividad mental y enfocando la atención. Aunque se comprende la acción de meditar, todavía hay mucho que aprender sobre cómo el meditador se transforma individual y colectivamente.

Aquí, en el siglo XXI, la meditación está en todas partes. Desde principios de la década de 1980, el número de publicaciones de investigación sobre la meditación ha aumentado en unas 300 veces. Sí, ¡trescientas veces! Esto nos muestra los niveles de interés y entusiasmo que ha habido desde entonces.

Vine a probar la meditación muy recientemente, como resultado de los eventos que estaban sucediendo en mi propia vida. Mi relación estaba fallando, mi trabajo era inseguro, y yo, como tantos otros, tenía una hipoteca que pagar y una familia que mantener. Me sentía como si estuviera haciendo malabares con cien bolas en lugar de tres, y estaba estresado, muy estresado. Una compañera de trabajo hablaba de la meditación y cantaba sus alabanzas, pero como ella misma estaba estresada, fue a ver a un psicólogo, y el psicólogo se lo había recomendado.

Así comenzó mi viaje. Esto despertó mi curiosidad, ya que siempre me han interesado las actividades en las que la mente y el cuerpo se unen, específicamente el yoga y las artes marciales. He practicado una o ambas de estas actividades durante años, y siempre me han dado una sensación de bienestar que no podía lograr con ninguna otra actividad. Me preguntaba si la meditación podría ser algo en lo que pudiera hundir mis dientes y sentir la misma sensación de bienestar, así que decidí intentarlo.

Ha cambiado mi vida para mejor, tanto en lo tangible como en lo intangible. Comencé mi práctica con diez minutos cada día, y ahora practico veinte minutos cada día, y es el momento en el que aún tengo la mente tranquila y recargo mi concentración y mis emociones. En su mayor parte, utilizo las técnicas descritas en este libro, variándolas para mantener las cosas interesantes. Como resultado me siento como si fuera más amable con la gente (sobre todo con la gente que no conozco) y como si tuviera más paciencia con ellos, reconozco mis emociones y ahora las observo sin permitir que me abrumen. Esto significa que me doy un poco de tiempo y espacio para considerar cómo debo reaccionar ante las cosas, en lugar de reaccionar sin pensar en ello y decir algo de lo que más tarde me arrepiento. Ahora también tengo una relación mucho mejor conmigo mismo. En el lugar de trabajo, esto es invaluable, y los beneficios serían múltiples si cada empleador insistiera en que los empleados meditaran diariamente. A nivel personal, soy más sensible a las necesidades de los que me rodean, porque tengo un sentido más fuerte de mis propias necesidades y de mí mismo. También me ha permitido desarrollar un sentido más profundo de gratitud y aprecio por la gente y el mundo que me rodea, y me recuerda que debo aceptar las circunstancias y las personas tal como son. Sobre todo, siento que estoy más completo para la experiencia.

Este libro, *Meditación - Una guía completa para principiantes sobre cómo despertar tu mente con técnicas que aliviarán el estrés, controlarán la ira y encontrarán la paz interior y la felicidad*, es un excelente punto de partida para un meditador principiante. Es un libro práctico que proporciona una guía útil sobre lo que necesitas para comenzar tu viaje de meditación, junto con los fundamentos de los cuatro tipos de meditación: respiración atenta, bondad amorosa, escaneo corporal y caminata. Podrás hacer todo esto en la comodidad de tu propia casa, sin necesidad de equipo caro o conocimientos especiales, y a tu gusto.

Si la meditación puede cambiar mi vida y mejorar mis relaciones de la manera que lo ha hecho, estoy seguro de que puede cambiar a cualquiera que se comprometa con la práctica diaria. Mi esperanza es que esto comience tu viaje hacia la paz interior, la felicidad y convertirte en tu mejor amigo, y que eso se extienda a todas las demás facetas de tu vida, como lo ha hecho con la mía.

Capítulo 1

En un mundo en el que nos encontramos en un ciclo incesante de actividad, y con el rápido desarrollo de la tecnología - teléfonos inteligentes, tabletas, medios sociales y similares, por no hablar de los trabajos de alto estrés con más horas que nunca- nos encontramos constantemente en línea e instantáneamente localizables, es difícil encontrar un lugar donde podamos apagar todo esto y simplemente estar. Parece que las exigencias y el ritmo de todo son tan frenéticos que es imposible mantener un sentido de quiénes somos, qué sentimos y qué es importante. La tecnología es realmente impresionante, pero no es gran cosa si nos lleva a un lugar de estrés en el que no podemos cuidar de nosotros mismos, especialmente de nuestras mentes. Sin embargo, hay una manera de recuperar algo de equilibrio: ¡contemplar la meditación! ¿Cómo es que algo tan antiguo es tan relevante en el mundo de hoy?

Los Beneficios

Los beneficios de la meditación son muchos y variados, y hay una miríada de estudios científicos y literatura que respaldan esto. Para darle una breve visión general, aquí hay una pequeña lista de algunos de ellos:

Meditación:

• Disminuye la presión arterial / ralentiza el sistema cardiovascular (frecuencia cardíaca y respiración);

• Relaja el sistema nervioso al domar la Respuesta de Combate o de Vuelo;

• Reduce la intensidad de las migrañas / dolores de cabeza;

• Reduce las dudas sobre sí mismo y el parloteo negativo de la mente;

• Reduce la ansiedad: cuando meditamos el cerebro cambia físicamente, lo que resulta en una mayor tranquilidad.

• Aumenta el optimismo, la

autoestima, la confianza y la motivación;
- Ayuda a equilibrar la función del sistema digestivo, incluyendo la absorción de nutrientes;
- Relaja los músculos;
- Alivia el insomnio;

- Reduce el miedo;
- Mejora la depresión;
- Ayuda a normalizar las hormonas del estrés;
- Aumenta la capacidad de resolución de problemas;
- Estimula la creatividad: la meditación libera la mente para generar nuevas ideas;
- Aumenta la concentración: cuando entrenamos la mente para que se concentre en la respiración durante las sesiones de meditación, esto mejora la capacidad de mantener la atención, y esto se transfiere a otras actividades;
- Refuerza la inmunidad;
- Mejora las relaciones: al meditar nos aceptamos más a nosotros mismos, y esto a su vez nos hace aceptar mejor a los demás tal como son;
- Aumenta la regulación emocional: esto nos da la oportunidad de tomar una decisión antes de responder en situaciones estresantes;

- Ayuda a procesar el trauma: la meditación ayuda a procesar las emociones difíciles, permitiéndonos sentarnos con ellas tal como son, sin juzgarlas ni alejarlas.
- Enseña que los estados emocionales y los pensamientos no son permanentes, y que la meditación puede afectarlos.

Estos son sólo algunos de los beneficios de la meditación, y si eso no es suficiente para entusiasmarte e inspirarte a probarla, ¡no sé qué lo hará!

Capítulo 2

La paz viene de dentro. No la busques afuera.
-Buddha-

Prácticas de Meditación - Lo Básico

Las siguientes son algunas de las actividades necesarias para que puedas establecer tu práctica de meditación. Aunque las técnicas de los capítulos siguientes difieren un poco, los fundamentos de la puesta en práctica siguen siendo los mismos (a menos que estés haciendo la meditación caminando, entonces es completamente diferente).

Preparando para la meditación

¿Qué equipo necesito?

No necesitas ningún equipo de lujo para comenzar tu experiencia de meditación.

Es posible que desees comprar un cojín de meditación, pero esto no es necesario. Todo lo que necesitas es una mente abierta y sin expectativas sobre los resultados de tu práctica. ¡Ni siquiera necesitas ser un monje budista!

¿Qué debo usar?
Es mejor usar ropa cómoda y suelta.

¿Cuánto tiempo es la duración correcta para un principiante?
Como principiante, comienza con una práctica de 10 minutos. Esto te dará una idea de la práctica, y si es o no de hecho, para ti. Una vez que hayas entrenado tu mente durante 10 minutos regularmente, digamos, durante un mes, podrías desafiarla aumentando la duración de la práctica. Puedes aumentar 5 minutos cada vez, 10 si te sientes cómodo, o más. Realmente depende de ti. Entrenar la mente es similar a entrenar el cuerpo en el gimnasio. Una vez que te sientas fuerte

haciendo un ejercicio con un peso determinado, es el momento de desafiar a los músculos al siguiente nivel, ya sea aumentando el peso o cambiando ligeramente el grupo muscular. Lo mismo ocurre con la meditación.

¿Cómo sé cuándo empezar y terminar la meditación?

Necesitarás programar una alarma o un temporizador para que te diga cuándo debes detener tu práctica. Esto te permitirá estar presente con la meditación en lugar de preocuparte por cuándo parar.

¿Dónde debo meditar?

Es aconsejable encontrar un lugar tranquilo para realizar la práctica, puede ser un lugar especial en tu casa, donde puedas poner una silla o un cojín. Generalmente enciendo algunas velas en la habitación también, pero de nuevo, esto depende totalmente de ti. También puedes acostarte en tu cama si lo deseas, pero siempre existe el peligro de quedarse dormido si eliges esta opción. Por supuesto, esto está perfectamente bien si lo que se pretende es ir a dormir. Alternativamente, también puedes practicar al aire libre - ve y encuentra un lugar apropiado en tu jardín si tienes uno, siéntate en un banco del parque, o siéntate o acuéstate debajo de un árbol en el parque. Es muy agradable cuando el clima es cálido y se puede absorber todos los elementos de la naturaleza. Obviamente, debes tener en cuenta tu seguridad si seleccionas esta opción.

¿Cuándo debo meditar?

Muchas personas sugieren meditar a primera hora de la mañana para preparar su día. Si te puedes levantar lo suficientemente temprano para hacerlo a primera hora, probablemente sea una gran idea. De esta manera, comenzarás el día con una mente clara y enfocada y una actitud relajada y compasiva. Sin embargo, si eso no es posible, realmente no importa cuando meditas, siempre y cuando te comprometas a la práctica diaria. Obviamente, si no puedes dormir, una meditación de respiración consciente te ayudará con esto.

¿Cómo debo posicionarme para meditar?

Hay un número de posiciones en las que puedes meditar, y esto es una cuestión de preferencia personal. Probablemente deberías probar todas para ver cuál te conviene más.

Sentado en el piso
Si eliges meditar sentado en el suelo:

- Siéntate con las piernas cruzadas sobre los huesos de asiento, sobre un cojín con la espalda recta y relajada. No debe estar rígido;
- Para mayor comodidad, trata de colocar las caderas más altas que las rodillas y apunta con las rodillas hacia el suelo - puedes usar una manta enrollada para ayudar a conseguirlo;
- Meter la barbilla ligeramente hacia adentro e inclinar la cabeza suavemente hacia adelante;
- Coloca una mano en la otra y deja que se apoye en las pantorrillas de tus piernas cruzadas;

Sentado en una silla:
- Si decides meditar sentado en una silla:
- Siéntate con los pies firmemente plantados en el suelo, con la espalda recta y relajada, e inclínate ligeramente hacia adelante;

- Descansa tus manos suavemente sobre tus piernas;
- Inclina la cabeza hacia adelante suavemente.

Acostado
- Si decides meditar acostado en el suelo:
- Recuéstate boca arriba, con las piernas separadas, permitiendo que los pies caigan hacia los lados;
- Coloca las manos a los lados, con las palmas hacia el cielo o el techo, y deja que los dedos se enrosquen naturalmente.

Capítulo 3

Respira profundamente para traer tu mente a tu cuerpo.
-ThichNhatHanh-

Ejercicio de respiración consciente
Esta técnica de meditación nos permite entrenar la mente para enfocarnos conscientemente, y es la técnica con la que la mayoría de la gente estaría familiarizada. Su enfoque se caracteriza por una conciencia desapasionada y curiosa de la experiencia en curso, donde la mente se centra en la respiración con una aceptación sin juicios.

Esta práctica se puede realizar acostado en posición de cadáver o sentado. Si estás sentado en una silla, asegúrate de que tus pies estén firmemente apoyados en el suelo, y que tu espalda esté recta pero relajada y no rígida, y que tus manos descansen cómodamente sobre tus piernas. Ajusta la alarma o el temporizador según sea necesario.

Empieza por respirar profundamente, inhalando por la nariz y exhalando por la boca. Sé consciente de que tu abdomen se mueve hacia arriba y hacia abajo, o siente el aire a través de tus fosas nasales. Esto te permitirá sentirte presente y enraizado. Repite esto de 5 a 10 respiraciones. Al exhalar el último aliento, cierra suavemente los ojos.

Concéntrate ahora en las sensaciones de tu cuerpo. Realiza suavemente una exploración de tu cuerpo, comenzando desde la parte superior de la cabeza, sintiendo las sensaciones y notando si llevas alguna tensión, sensación de calor o frío, pesadez o ligereza en el cuerpo a medida que avanzas. Continúa hasta que llegues a la punta de los dedos de los pies.

Ahora trae tu atención a tus emociones. ¿Cómo te sientes? Sólo obsérvalos sin juzgarlos, tal como están. En este punto es una buena idea establecer la intención de tu práctica. Puede que quieras desarrollar más paciencia, compasión o bondad, para que esto mejore tus relaciones.

Ahora vuelve a concentrarte en la respiración. Siente que tu abdomen sube y baja, pero deja de pensar en ello o de analizarlo, de comprometerte con él. Sólo siéntelo, y nota las diferentes longitudes que toma cada respiración. Sigue los ritmos suavemente con atención: dentro y fuera, subiendo y bajando. Deja que los pensamientos, las emociones, las sensaciones corporales y los sonidos sean como son: no necesitas seguirlos, alejarlos o juzgarlos. Sólo permite que sucedan, que vengan y se vayan, sin interferencias, mientras diriges una suave atención a la respiración.

Cuando notes que tu mente ha deambulado, como inevitablemente lo hará, reconoce que esto ha sucedido con bondad. Recuerda, tan pronto como te des cuenta de que esto está ocurriendo, tienes la opción de cómo responder a esto. Puedes traer tu atención de vuelta a la respiración, y continuar siguiéndola, entrando y saliendo, momento a momento, con interés y curiosidad amistosa. Si lo deseas, puedes contar las respiraciones, 1 al inhalar, 2 al exhalar, 3 en la siguiente inhalación, 4 en la siguiente exhalación y así sucesivamente, hasta que llegues a 10. Luego puedes empezar a contar las respiraciones de nuevo.

Continúa haciendo esto hasta que suene la alarma. Descansa momentáneamente y aprecia cómo se sienten tu cuerpo y tu mente como resultado de haberte tomado el tiempo para meditar. Trata de llevar estos sentimientos al resto del día.

Capítulo 4

Ayer era inteligente, quería cambiar el mundo. Hoy soy sabio, así que me estoy cambiando a mí mismo.
-Rumi-

Meditación de la bondad de amor
Las meditaciones de bondad amorosa se conocen como meditaciones de atención enfocada o meditaciones de concentración. Aquí es donde dirigimos nuestra atención a la repetición de una palabra o frase. En este caso estaremos repitiendo varias frases.

Sirven para enfatizar que, como humanos, todos sufrimos. Nuestro sufrimiento es común a la condición humana, y como tal, nadie es inmune al sufrimiento. Esta técnica de meditación nos permite enviar bondad amorosa a todos en nuestro círculo y más allá, y ser compasivos con nosotros mismos y con todos aquellos con los que entramos en contacto.

Puedes dedicarte esta práctica a ti mismo, a la gente que amas, a la gente que no conoces bien. Esto se puede extender a las personas que viven en la misma ciudad, estado y país que tú. También puede extenderse a los animales, a los seres vivos y a todo el planeta. Esto aumenta nuestros sentimientos de conexión social y nos hace pensar más allá de nosotros mismos, cultiva la compasión y la empatía, disminuye el sesgo hacia los demás, derrota a tu crítica interna, y desacelera el envejecimiento.

1. Prepara tu meditación de acuerdo con las instrucciones del capítulo. Pon tu alarma según sea necesario y establece tu intención como bondad.
2. Respira profundamente unas cuantas veces, por la nariz y por la boca para

liberar cualquier tensión. Sé consciente de que tu vientre se mueve hacia arriba y hacia abajo, o siente el aire a través de tus fosas nasales. Esto te permitirá sentirte presente y enraizado. Observa dónde sientes la respiración con más fuerza a medida que entra y sale de tu cuerpo.

3. Deja que tu respiración regrese a la normalidad, pero continúa concentrándote en ella, permitiéndote sentirte tranquilo. Recuerda a alguien que ha sido extremadamente amable contigo en tu vida, alguien que ha sido o es muy importante para ti - puede ser una mascota, tu abuelo, un buen amigo, un mentor o un pariente favorito. Imagina que esta persona está sentada frente a ti y llama al ojo de tu mente cómo se ve y cómo te hace sentir. Repite las siguientes frases en tu cabeza, lentamente y con amorosa intención:

- Que estés en paz.
- Que estés a salvo.
- Que tengas salud.
- Que vivas con tranquilidad.

4. Siente realmente la intención detrás de cada una de estas frases mientras te las repites a ti mismo. Experimenta los sentimientos de cuidado, buena

voluntad y amabilidad hacia esta persona. Repite este ciclo varias veces. Si, durante este tiempo, tu mente deambula, reconoce esto con bondad, y suavemente regresa tu atención a la respiración, entonces comienza de nuevo.
5. Ahora inclúyete en la presencia de esta persona, imagina que estás sentado frente a ellos, y repite lo siguiente varias veces:

- Que estemos a salvo.
- Que seamos pacíficos.
- Que estemos sanos.
- Que podamos vivir con facilidad.
6. Ahora vuelve a llamar la atención sobre ti mismo. Recuerda que tú también tienes derecho a la bondad, la preocupación y el amor. Repite las siguientes frases varias veces:

- Que esté a salvo.
- Que pueda estar en paz.

- Que sea saludable.
- Que pueda vivir con facilidad.
7. Ahora recuerda a un conocido o colega que no conoces muy bien. Ten en cuenta que, aunque no conozcas su historia, ellos también sufren, junto contigo y con el resto de la humanidad. Repite las siguientes frases:
    - Que estés a salvo.
    - Que estés en paz.
    - Que tengas salud.
- Que vivas con tranquilidad.
8. De nuevo, siente la intención detrás de cada una de estas frases a medida que te las repites a ti mismo. Repite este ciclo de 4 a 5 veces. Recuerda traer a tu atención de vuelta a la respiración si tu mente deambula.

Entonces puedes extenderlo a tu familia, a tu vecindario, a tu país, a todos los seres vivos o incluso a todo el universo. Repita las siguientes frases en su cabeza:
- Que todos vivamos en paz y armonía.

- Que todos estemos a salvo.
- Que todos estemos sanos.
- Que todos seamos amables unos con otros.
- Que podamos vivir con facilidad.

9. Continúa hasta que suene la alarma o el temporizador. Una vez que hayas terminado, permítete sentir estos sentimientos de buena voluntad y bondad en tu cuerpo. Cuando estés listo, abre suavemente los ojos y trata de llevar estos sentimientos de bondad, compasión y buena voluntad a lo largo del día.

Capítulo 5

Cuanto más callado te vuelves, más puedes oír.
-RamDass-

Meditación de escaneo corporal
El objetivo de la meditación de escaneo corporal es tomar conciencia de las sensaciones que sientes a medida que se producen en las diferentes partes de tu cuerpo. Su objetivo no es necesariamente sentirse relajado o tranquilo, aunque esto puede o no suceder. Su objetivo es más bien localizar los vínculos entre las emociones y las sensaciones físicas y demuestra cómo se pueden utilizar las sensaciones físicas como clave para el estado emocional. Hay una amplia gama de sensaciones físicas que puedes experimentar, incluyendo dolor, molestias, picazón, hormigueo, pesadez, ligereza, calor, frío, presión o tensión, por nombrar algunas. Estas sensaciones físicas pueden

ir acompañadas de pensamientos o emociones, que pueden resumirse en tres sentimientos básicos, a saber, neutro, desagradable o agradable.

1. Prepara tu meditación según las instrucciones anteriores. Configura tu alarma según sea necesario, y establece tu intención de estar presente.

2. Respira profundamente unas cuantas veces, por la nariz y por la boca, para liberar cualquier tensión de tu experiencia. Sé consciente de que tu abdomen se mueve hacia arriba y hacia abajo, o siente el aire a través de tus fosas nasales. Esto te permitirá sentirte presente y enraizado. Observa dónde sientes la respiración con más fuerza a medida que entra y sale de tu cuerpo.

3. Deja que tu respiración regrese a la normalidad, pero continúa concentrándote en ella, permitiéndote sentirte tranquilo. Recuerda para esta meditación, dejar de juzgar, ser amable y curioso. Estar

completamente presente en este momento, permitir que el cuerpo simplemente esté.

4. Si tu mente deambula por el pasado, o en pensamientos o sentimientos, suave pero firmemente trae de vuelta la atención a la respiración. Cuando estés listo, desde el foco de la respiración desde tu abdomen, lleva tu atención a través de tu pierna izquierda hasta el dedo gordo del pie izquierdo. Fíjate qué sensaciones sientes.

¿Hormigueo, pulso, picor, dolor o falta de sensibilidad? Lleva tu atención a los otros dedos del pie izquierdo, tomando conciencia de cada dedo y del espacio entre cada uno. Ahora mueve tu atención a la parte inferior del pie izquierdo - el talón, el arco y la bola del pie. Muévete a la parte superior del pie - examina las sensaciones con curiosidad - ¿sientes humedad, frescor? ¿O hay una ausencia de sensación? Ábrete a lo que sea que estés sintiendo. Ahora, lleva la atención hacia tu tobillo izquierdo, notando cualquier sensación que estés sintiendo. ¿Puedes sentir alguna presión?

5. Mueve la atención a la parte inferior de la pierna, primero la espinilla, luego la pantorrilla. Enfoca tu atención desde la piel hasta el tejido muscular y el hueso. Si tu mente deambula, enfócate suave pero intencionalmente en la parte inferior de la pierna izquierda.

6. Desplaza tu atención hacia la rodilla, la rodilla que nos mueve de un lado a otro, moviéndote, agachándote, girando, llevándonos de un lugar a otro. Relaciónate amablemente con la rodilla, agradece el trabajo que hace por nosotros.

7. Mueve tu atención hacia el muslo izquierdo, siente y explora qué sensaciones hay que descubrir en esa parte del cuerpo. Anota si también sientes una emoción en particular cuando pones tu atención en las sensaciones aquí.

8. Mueve tu atención ahora a través de las caderas y baja por la pierna derecha,

hacia el dedo gordo del pie derecho. Examina las sensaciones que sientes, si las hay. Luego mueve tu conciencia a los otros dedos del pie, y cualquier sensación que pueda estar presente aquí. Al encontrarse con todo el pie derecho, ten cuidado en el lugar donde el pie hace contacto con una superficie. ¿Cómo se siente eso? Enfócate entonces en el tobillo, percibiendo sensación o no sensación, emoción o no emoción.

9. Lleva tu atención a la parte inferior de la pierna, la pantorrilla, la espinilla. ¿Hay alguna sensación de que la ropa toque esta parte del cuerpo? ¿Hay otras sensaciones o emociones? Observa las sensaciones más profundamente en la parte inferior de la pierna, siendo consciente de la piel, el tejido, los músculos y los huesos con curiosidad y amabilidad. ¿Qué es lo que sientes?

10. Moviéndose hacia la rodilla derecha, la parte posterior de la rodilla, los lados, sintiendo lo que hay aquí. Comprueba

dónde está tu mente. ¿Estás distraído por otros pensamientos o emociones? Si la respuesta es sí, vuelve a poner la atención en la rodilla derecha si ésta ha deambulado.

11. Mueve tu atención hacia el muslo derecho, encontrando las sensaciones que sientes con amabilidad y curiosidad. Presta atención suavemente a las caderas, los glúteos y la pelvis. Sé consciente del duro trabajo que esta área del cuerpo hace por ti, y mantenlo en tu conciencia, aquí en el momento presente.

12. Ahora, mueve la atención a la parte baja de la espalda. ¿Está consciente de alguna tensión o rigidez? En una exhalación, si puedes, trata de liberar esta tensión. Si no, permite que la sensación sea como es, sin juzgar.

13. Lleva la atención a la parte media y alta de la espalda, ten curiosidad sobre lo que sientes aquí. De nuevo, ¿sientes alguna tensión?

14. Ahora, lleva tu conciencia a la parte

frontal del cuerpo y al abdomen, donde ocurre la digestión. Este es el lugar donde a menudo llevamos la tensión emocional. ¿Cómo se siente esto? ¿Hay alguna emoción para ti aquí? ¿O no hay ninguna sensación?

15. Ahora mueve tu atención a tu pecho, a los pulmones y a la caja torácica, los pulmones que oxigenan nuestros cuerpos. Observa esto con curiosidad, amabilidad y gratitud. Sé consciente del latido del corazón en el pecho si puedes, manteniéndonos vivos en cada momento de nuestras vidas, el asiento de nuestras emociones. Reconoce que algunas partes del cuerpo contienen emociones, y permite que vayan y vengan, como nubes a través de un cielo azul. No los juzgues ni analices.

16. Muévete hacia los hombros, donde muchos de nosotros llevamos la tensión, de una vida de sentarse frente a una computadora. Siente lo que hay aquí. En una exhalación, libera cualquier tensión

que encuentres, si la encuentras. Si no puedes, simplemente deja que la sensación sea como es.

17. Ahora, mueve tu atención a la mano izquierda, siente los dedos y la muñeca. Muévete hacia el antebrazo y el codo, la parte superior del brazo. ¿Qué es lo que sientes? Observa con amabilidad y curiosidad. Muévete hacia el brazo derecho y hacia abajo hacia la mano, siente la mano, la muñeca, muévete hacia el antebrazo y el codo, y permanece consciente de la parte superior del brazo.

18. Muévete hacia el cuello, esto también puede mantener la tensión, nota si estás sosteniendo algo, y trae tu conciencia a la mandíbula. Observe cualquier apretón o tensión - deja que esto vaya en una exhalación si puedes. Si no puedes, que la sensación sea como es. Fíjate en el mentón, la boca y los dientes, la lengua, los labios.

19. Ahora muévete hacia la nariz, los ojos, las mejillas, los oídos, escuchando lo

que se debe escuchar en el momento presente. Muévete hacia la cabeza, los lados de la cabeza, la parte posterior de la cabeza, notando que aquí es donde está alojado el cerebro, y tu cerebro siente todo por ti. Nota esto con amabilidad y gratitud por el trabajo que tu cerebro hace por ti.

20. Finalmente expande tu conciencia desde la parte superior de la cabeza hasta los pies, inhalando y exhalando todo el cuerpo, y agradece a tu cuerpo en este momento. Descansa en la conciencia del cuerpo como un todo, y de la respiración que fluye dentro y fuera del cuerpo libremente.

21. Continúa con la práctica hasta que suene la alarma o el temporizador. Ahora comienza a mover los dedos de las manos y de los pies y regresa tu mente al espacio que te rodea. Puedes ajustar el tiempo que pasas en esta práctica usando trozos más grandes de tu cuerpo para darte cuenta o pasar un tiempo más o menos

largo de cada parte.

Es posible que ahora seas más consciente de dónde llevas la tensión y las emociones en tu cuerpo.

Capítulo 6

Si corriges tu mente, el resto de tu vida se armonizará.
-Lao Tzu-

Meditación caminando
No sólo necesitas estar sentado o acostado para meditar. También es posible moverse y meditar simultáneamente. La meditación caminando es una actividad en la que puedes enfocar y concentrar la mente y desarrollar el conocimiento investigativo y la sabiduría. Complementa tu práctica de sentarte y sus beneficios incluyen:

1. Desarrollar la resistencia y el buen estado físico;

2. Apropiado para aquellos que caen en un estado demasiado tranquilo durante la práctica de sentarse.

3. Aumenta la atención y la conciencia;

4. Mejora la digestión;

5. Aumenta la concentración. La

concentración que se acumula durante una meditación caminante se mantiene durante un largo período después de que la meditación llega a su fin.

La Práctica

1.   Encuentra un lugar adecuado, un lugar tranquilo, con pocas distracciones y ligeramente cerrado. Esto ayudará a traer la mente hacia adentro, hacia el yo y la paz. El sendero original de Buda sigue existiendo hasta el día de hoy y sólo tiene 17 pasos de largo. Para el principiante, un camino de 15 pasos es una buena longitud.

2.   Prepara tu cuerpo y tu mente. Párate en un extremo de tu camino, erguido. Coloca tu mano derecha sobre la izquierda delante de ti. Esto es para ayudar a enfocar la mente en el hecho de que esto es una meditación caminando, no sólo un paseo.

3.   Quédate quieto y trae tu conciencia y atención a tu cuerpo. Cierra los ojos por

un momento y sé consciente del peso que se transfiere a través de las plantas de los pies hacia la tierra. Trae tu atención a todos los movimientos sutiles que se suceden para mantenernos equilibrados y erguidos.

4. Decide la duración de tu meditación de caminata.

5. Sé consciente de la postura al caminar. Pon toda tu atención en las plantas de tus pies, en las sensaciones y sentimientos a medida que surgen y desaparecen. A medida que caminas, los sentimientos cambian. A medida que un pie se eleva y se pone en contacto con el camino, surge un nuevo sentimiento. Lleva tu conciencia a esa sensación, tal como se siente a través de la planta del pie. A medida que el otro pie se libera y luego se pone en contacto con el suelo, observa la nueva sensación a medida que aparece. Repite esto con cada paso, mientras dure la meditación de caminar. Toma en cuenta que las sensaciones serán

agradables, desagradables o neutras. Al notarlas, no te aferres a ellas, no las juzgues ni las alejes. Si notas algo en el mundo exterior que sea agradable, desagradable o neutral, reconócelo y déjalo ir.

6. Sé consciente de las sensaciones que produce el contacto, ya sea dolor, calor u otras sensaciones. Por lo tanto, los sentimientos cambiarán constantemente y surgirán de nuevo a medida que camines. Toma nota también de las sensaciones en la parte inferior de las piernas, en las espinillas y en los músculos de la pantorrilla. También puedes tomar nota de tu piel y del contacto con tu ropa.

7. Luego fíjate en las sensaciones de la parte superior de la pierna. Observa las cualidades de la sensación en tus rodillas, muslos y tendones.

8. Necesitarás encontrar tu propio ritmo de caminar. Al principio, probablemente deberías caminar muy lentamente hasta que puedas permanecer

en el momento presente de cada paso. A intervalos regulares durante tu paseo, pregúntate "¿Dónde está mi mente?" ¿Está ocupada o tranquila? ¿Está clara o apagada? Debe estar en las plantas de los pies. Si tu conciencia está en otro lugar, regrésala suavemente a las sensaciones de los pies de nuevo y continúa caminando.

9. También presta atención a tu estado emocional. ¿Estás aburrido, contento, irritado, feliz? De nuevo, reconoce estas emociones, no las juzgues y luego déjalas ir.

10. Observa también, el equilibrio entre tu experiencia de los entornos internos y externos. Si puedes ser consciente de ambos en igual medida, entonces tu mente debe establecerse en un punto de quietud y claridad.

11. Al llegar al final del camino, date la vuelta lentamente y comprueba tu atención. ¿Dónde está tu mente? ¿Está la sensación en las plantas de los pies o su atención en otra parte? Redirige tu

atención a las plantas de tus pies, y comienza la caminata de regreso por el sendero.

12. Fíjate cuando estés en medio del camino y di a ti mismo: "Estoy en medio del camino". Si tu atención se ha desviado, regrésala suavemente a las sensaciones de tus pasos, y a medida que se levantan y desaparecen.

13. Continúa haciendo esto hasta que llegues al final de la duración de tu meditación caminando, y luego detente. Trae tu conciencia a ti mismo de pie, y a no moverte más. Observa cómo el peso se desplaza entre varios puntos de tus pies y de un pie al otro. Ahora lleva la meditación a su fin.

Capítulo 7

La causa principal de la infelicidad nunca es la situación, sino tus pensamientos al respecto.
-EckhartTolle-

Variaciones de la meditación
Meditación en la ducha
Esta meditación es una variación de la técnica de respiración consciente, pero se mezcla con un poco de visualización. Mientras te duchas, lleva tu conciencia al agua tibia acariciando tu cuerpo, y disfrútalo realmente. Date un poco de tiempo para saborear esto. Luego, respira profundamente, inhalando por la nariz y exhalando por la boca. Repite esto varias veces y luego deja que tu respiración vuelva a la normalidad.

Ahora, continúa concentrándote en tu respiración mientras te duchas. A medida que exhalas cada vez, visualízate a ti mismo lavando tus emociones negativas. Continúa concentrándote en la sensación del agua en tu piel. Puedes elegir "lavar" una sola sensación, como el estrés. Otros que podrías lavar son la ansiedad, la tristeza, el arrepentimiento, el miedo, la frustración y la ira. Visualiza todos estos sentimientos negativos que se van por el desagüe y fuera de tu vida. Comenzarás a sentirte más ligero y claro para el día que viene.

Respiración atenta para emergencias
Ocasionalmente podemos experimentar algo en la vida diaria que nos abruma, tal vez una presentación o reunión en el trabajo no ha salido según lo planeado, tal vez hay un niño que se está portando mal, y te ha hecho sentir extremadamente estresado. Esto es perfectamente natural para los seres humanos imperfectos que somos. Cuando esto sucede, podemos optar por permitir que nos domine, o

podemos completar este ejercicio de respiración consciente de emergencia.

Búscate un lugar tranquilo, ya sea en una sala de reuniones en algún lugar, si estás en el trabajo, en el parque, ¡incluso en el baño! Siéntate, prestando atención a tus pies en el suelo. Asegúrate de que tu espalda esté recta pero relajada, e inclínate ligeramente hacia adelante. Permite que tus manos descansen suavemente sobre tus piernas. Luego, comienza a respirar profundamente, inhalando por la nariz y exhalando por la boca. Observa que tu abdomen sube y baja, incluso puedes poner tus manos suavemente sobre tu vientre para experimentar realmente esta subida y bajada. Continúa haciendo esto unas cuantas veces más y luego comienza a contar las respiraciones. Cuenta 1 en la inhalación, 2 en la exhalación, 3 en la siguiente inhalación y así sucesivamente. Cuenta hasta 10 y luego comienza a contar de nuevo. Después de la primera serie de 10, deberías notar que tu cuerpo ha comenzado a ablandarse y relajarse. Repita esta serie de 10 respiraciones otras 4 ó 5 veces, dependiendo de cómo te sientas. Por el conjunto final de 10 inhalaciones y exhalaciones, deberías sentirte mucho más tranquilo y estar en posición para enfrentarte al mundo de nuevo.

Conclusión

Espero que ya hayas probado al menos algunas de las técnicas básicas de meditación de este libro. Los beneficios serán sutiles al principio, y luego te encontrarás reaccionando a los factores estresantes de una manera diferente, y por diferente, me refiero a una manera positiva. Conforme persistas con estos ejercicios, comenzarás a notar cambios en tu vida y ya no podrás vivir sin ellos.

Practicar la meditación siempre ha sido un placer diario para mí, un retiro en mi propia mente y cuerpo, una experiencia de volver a casa. Te animo a que lo hagas por ti mismo, por tus amigos, colegas y familiares. Cada persona de tu círculo social te lo agradecerá al reconocer los cambios sutiles que hay en ti. Una vez que hayan visto lo que has logrado, anímalos a que lo asuman también, pues el mundo necesita paz y estabilidad. Esta es una pequeña manera en la que cada uno de nosotros puede ayudar a conseguirlo. ¡Buena suerte en tu viaje!

www.ingramcontent.com/pod-product-compliance
Lightning Source LLC
Chambersburg PA
CBHW072017070526
44583CB00015B/1523